労働法判例総合解説 9
　労働契約締結過程

労働法判例総合解説

労働契約締結過程

小宮文人 著

信山社

労働法判例総合解説シリーズ

はじめに

　本総合判例解説は，判例を通して，労働契約の締結過程の法律問題を整理することを目的としている。通常，労働契約の締結過程とは，労働者の求職・求人に始まり，労働契約の成立までの過程をいうのであるが，わが国では，採用内定から試用期間の満了まで，既に労働契約が成立しているが，使用者が通常の解雇よりも広い解約権を留保することができる期間をも労働契約の締結過程として論じられてきたこともあって，本解説では，労働契約成立までではなく，試用期間の満了までを本判例解説の対象とする。

　そして，第1章では，職安法等の労働市場法もしくは雇用保障法と呼ばれる法制による求人・募集の規制に関する判例を整理する。第2章では，採用の自由と規制及び採否決定のための調査の自由に関する判例を整理する。第3章では，内定法理が判例上形成確立された後に，特に注目されるようになった労働契約締結上の信義則に関する判例を整理する。第4章は，従来からわが国の労働契約締結過程に関する判例の中心に位置してきた内定及び試用期間の判例及びそれと関連して，試用期間と雇用期間との区別及び再雇用を強制する法理などに関する判例を整理する。また，便宜上，身元保証契約もここで扱うことにする。そして，最後に，第5章は，労働契約の内容がどのように確定されるのかに関して，有期労働契約の無期労働契約との区別とその他の労働条件に関する判例を整理する。

　労働契約の締結過程の法律問題とはいっても，労働契約が不成立となった場合の損害賠償請求権の有無，労働契約が成立した場合の労働契約の内容や契約解消に結びつく問題であり，労働法のかなり広範な領域に跨った考察が必要とされる。労働契約の終了過程と比べると，労働契約の締結過程の研究は，従来，やや手薄だった感を免れない。今後の研究発展のためにも，本書が何らかの意義を持つなら幸いである。

　2015年4月

小　宮　文　人

目　次

はじめに(v)

労働契約締結過程

第1章　職業安定法等による求人・募集の法規制 … 3

- 第1節　職安法等による規制 … 3
- 第2節　職業紹介規制 … 3
- 第3節　募集規制 … 9
- 第4節　労働者供給事業 … 11

第2章　採用の自由と規制 … 13

- 第1節　採用の自由 … 13
- 第2節　法律による採用自由の規制 … 15
- 第3節　使用者の採否決定のための調査の自由 … 18

第3章　労働契約締結過程の信義則 … 21

- 第1節　契約締結過程の信義則の意義 … 21
- 第2節　求人者による契約交渉の一方的破棄 … 21
  1. 新卒者の契約締結期待の保護 … 21
  2. 転職勧誘による労働者の契約締結期待の保護 … 24
- 第3節　契約成立直後の契約解消 … 26
- 第4節　契約内容説明義務 … 28

第4章　労働契約の成立 … 31

- 第1節　採用内定 … 31
  1. 採用内定の法的性格 … 31
  2. 就労始期付と効力始期付 … 36
  3. その他の構成 … 41
  4. 中途採用の場合 … 42
  5. 内定取消しの有効性の判断 … 42

目　次

　　6　内定取消しの無効・有効の具体例 …………………………… 43
　　　(1)　適格性欠如 ……………………………………………… 44
　　　(2)　入社前研修不参加 ……………………………………… 44
　　　(3)　経営上の都合 …………………………………………… 44
　　7　救済としての損害賠償の内容 ………………………………… 44
　　8　労働者の内定辞退 ……………………………………………… 45
　第2節　身元保証契約 ………………………………………………… 45
　　1　身元保証契約の成立 …………………………………………… 46
　　2　身元保証契約の内容 …………………………………………… 48
　　　(1)　身元保証契約期間 ……………………………………… 48
　　　(2)　使用者の通知義務違反 ………………………………… 49
　　　(3)　身元保証責任の範囲 …………………………………… 50
　第3節　試用期間 ……………………………………………………… 55
　　1　試用期間の法的性格 …………………………………………… 55
　　2　試用期間の長さ・更新・延長 ………………………………… 59
　　3　留保解約＝解雇と解雇予告 …………………………………… 64
　　4　留保解約権＝解雇権の濫用 …………………………………… 65
　　　(1)　技術・知識・能力欠如 ………………………………… 66
　　　(2)　勤務態度不良・協調性欠如 …………………………… 71
　　　(3)　勤務成績不良 …………………………………………… 73
　　　(4)　経歴詐称 ………………………………………………… 74
　　　(5)　その他労働者側の事由 ………………………………… 77
　　　(6)　人員整理 ………………………………………………… 78
　第4節　試用期間と有期労働契約 …………………………………… 79
　第5節　有期労働契約の試用期間等 ………………………………… 87
　第6節　再雇用 ………………………………………………………… 89
　　1　再雇用について ………………………………………………… 89
　　2　高年齢者雇用安定法に関する判例 …………………………… 92

第5章　労働契約の内容確定　　　　　　　　　　　　　　　　97

　第1節　労働契約の成否 ……………………………………………… 97
　第2節　雇用・労働条件の内容 ……………………………………… 100
　　1　求人票と労働契約の内容の確定 ……………………………… 100
　　2　求人広告と労働契約の内容 …………………………………… 104

目　次

第 3 節　期間の定めの有無 …………………………………… 105
第 4 節　勤務地・職種の限定，その他 ………………………… 109
　(1)　概　　観 …………………………………………………… 109
　(2)　勤務地の限定 ……………………………………………… 110
　(3)　職 種 限 定 ………………………………………………… 112

判例索引　(115)

略語表（労働法判例総合解説シリーズ）

<法令>
労組法＝労働組合法
労調法＝労働関係調整法
労委則＝労働委員会規則
特独法＝特定独立行政法人等労働関係法
国企法＝国営企業(等)労働関係法
公労法＝公共企業体等労働関係法
地公労法＝地方公営企業(等)労働関係法
国公法＝国家公務員法
地公法＝地方公務員法
労基法＝労働基準法
労基則＝労働基準法施行規則
女性則＝女性労働基準規則
賃確法＝賃金の支払の確保等に関する法律
安衛法＝労働安全衛生法
安衛則＝労働安全衛生法施行規則
労災法＝労働者災害補償保険法
均等法＝雇用の分野における男女の均等な機会及び待遇の確保等女子労働者の福祉の増進に関する法律
育介法＝育児休業，介護休業等育児または家族介護を行う労働者の福祉に関する法律
派遣法＝労働者派遣事業の適正な実施の確保及び派遣労働者の就業条件の整備等に関する法律
パート法＝短時間労働者の雇用改善等に関する法律
高年齢者雇用安定法＝高年齢者等の雇用の安定等に関する法律
障害者雇用促進法＝障害者の雇用の促進等に関する法律

<判例集・雑誌>
民集＝最高裁民事判例集
刑集＝最高裁刑事判例集
高刑特報＝高等裁判所刑事判決特報
高裁特報＝高等裁判所刑事裁判特報
東高(民)時報＝東京高等裁判所民事判決時報
東高(刑)時報＝東京高等裁判所刑事判決時報
労民集＝労働関係民事判例集
命令集＝不当労働行為事件命令集
労判＝労働判例
労経速＝労働経済判例速報
判時＝判例時報
判タ＝判例タイムズ
労旬＝労働法律旬報
ジュリ＝ジュリスト
百選（＊版）＝労働判例百選〔＊版〕
重判（＊年）＝重要判例（ジュリスト）
争点（＊版）＝労働法の争点〔＊版〕
季労＝季刊労働法
学労＝学会誌労働法
目労研＝日本労働研究雑誌
中労時＝中央労働時報
中労別＝中央労働時報別冊
法時＝法律時報
法曹＝法曹時報
法セ＝法学セミナー
法教＝法学教室
別冊労旬＝別冊労働法律旬報

労働契約締結過程

第1章
職業安定法等による求人・募集の法規制

第1節　職安法等による規制

　職安法は，制定当初から戦前の劣悪な労働関係や中間搾取などを教訓として，労働者供給事業を禁止し，職業紹介を国の独占的サービスとして有料職業紹介の原則的に禁止し，民間事業は例外的にのみ許されてきたに過ぎない。しかし，その後の社会経済環境の変化による労働力の需給調整手段として，有料職業紹介事業や労働者派遣事業が認められるようになり，1997年に従来のILO96号条約に代わるILO181号条約が採択されたことを機に有料職業紹介事業と労働者派遣事業が広く認められるようになっている。しかし，職安法に関する判例としては，最近の事案はほとんどなく，その大半が昭和20年末から30年代初めにかけてのものである。なお，求人・募集に関しては，男女均等法5条の募集差別の禁止や雇用対策法10条の年齢に関わりない均等な機会の確保も定められているが，直結する判例は見当たらない。そこで，本章では，もっぱら職安法に関する判例を解説する。

第2節　職業紹介規制

　職安法が，従来，有料職業紹介を原則的に禁止（旧32条1項）していたため，その違憲性が問題とされた。**判例1**は，当時の職安法が有料職業紹介事業を一般的に禁止したことは，憲法第13条及び22条に違反しないとしたものである。また，有料職業紹介事業の禁止は，「求職者の自由意思を制限する虞れの有無」にかかわらないとされていた（**判例2，判例3**）。しかし，1999年以降の職安法は，労働力の需要供給の適正かつ円滑な調整を果たすべき役割にかんがみて，有料職業紹介を原則自由化し（但し，港湾運送，警備，建築業務は適用除外），許可制としている。

　職安法は，従来から，「職業紹介」とは，「求人及び求職の申込を受け，求人者と休職

第1章　職業安定法等による求人・募集の法規制

者との間における雇用関係の成立をあっ旋することをいう」（現行4条1項）と規定している。現行法4条1項に対応する旧法5条に関する判例の中には，求人者と求職者との間に介入してその間における雇用の成立をあっ旋した具体的事実を判示すれば，あらかじめ求人及び求職の申込を受けてあっ旋をするに至った旨を明示しなくとも，職業紹介をした事実の判示としては十分であるとするものがある（判例4）。なお，現行法48条に基づく厚生労働大臣の指針は，スカウト行為に加え，「いわゆるアウトプレースメント業のうち，教育訓練，相談，助言等のみならず，職業紹介を行う事業は職業紹介事業に該当する」（平成24年9月10日厚労省告示第504号第5の4）としている。

　因みに，「あっ旋」とは，「求人及び休職者の申込を受けて求人者と求職者の間に介在し，両者間における雇用関係の成立のための便宜をはかり，その成立を容易ならしめる行為一般」いい（判例5），従来から，その具体的な行為はかなり広く捉えられていた（判例6，判例7）。そして，「求人及び求職の申込」は必ずしも「あっ旋」に先行する必要はないとされる（判例8，判例9）。また，「労働者」は，広く労働力の主体である個人で対価を得て又は雇用主との間に自己の労働力提供の関係に立つか又は立とうとする一切の者」をいうとされ（判例9），「雇用関係」も，「必ずしも厳格に民法623条の意義に解すべきものではなく」（判利7）「純然たる雇傭契約でなくとも，社会通念上使用従属の関係と認められる場合を指称するものと解される」とし（判例10，判例11），さらには「社会通念上被用者が有形無形の経済的利益を得て一定の条件の下に使用者に対し肉体的，精神的労務を供給する関係にあれば足りるものと解する」とする（判例7，判例12）。

【判例1】
職業安定法違反被告事件・最大判昭和25・6・21刑集4巻6号1049頁

(判旨)　「憲法13条及22条には共に『公共の福祉に反しない限り』という枠があるのである。原審が論旨摘録のように判示して職業安定法32条は現今わが国情の下において公共の福祉のため必要のものであり，憲法の右各条に反するものでないとしたのは相当である。職業安定法は戦時中の統制法規とは異り所論のように産業上の労働力充足のためにその需要供給の調整を図ることだけを目的とするものではない。各人にその能力に応じて妥当な条件の下に適当な職業に就く機会を与え，職業の安定を図ることを大きな目的とするものである。在来の自由有料職業紹介においては営利の目的のため，条件等の如何に拘わらず，ともかくも契約を成立せしめて報酬を得るため，更に進んでは多額の報酬を支払う能力を有する資本家に奉仕するため，労働者の能力，利害，妥当な労働条件の獲得，維持等を顧みることなく，労働者に不利益な契約を成立せしめた事例多く，これに基因する弊害も甚だしかったことは顕著な事実である。職業安定法は公の福祉のためこれ等弊害を除去し，各人にその能力に応じ適当な職業を与えて職業の安定を図らんとするもので，その目的のために従来弊害の多かつた有料職業紹介を禁じ公の機関によって無料にそして公正に職業

第 2 節　職業紹介規制

を紹介することにしたのであり，決して憲法の各条項に違反するものではない。それ故論旨は理由がない。」

> 【判例 2】
> 関東求人情報センター事件・東京高判昭和 55・5・13 刑集 36 巻 4 号 551 頁

判旨　「確かに同法 32 条 1 項が設けられたについては，在来の自由有料職業紹介において，営利の目的のため労働者の能力，利害，妥当な労働条件の獲得，維持等を顧みることなく労働者に不利益な契約を成立せしめた事例が多く，これに基因する弊害も甚だしかったので……，これらの弊害を除去するためという一面があつたことは否定できないが，この点のみを強調して，同条項につき限定解釈の正当性を主張し，本件のような求職者の自由意思を制限する虞れのない手段による職業紹介は処罰の対象にならないとする所論は，職業安定法のとる基本構造又は他の諸規定との関連性に対する配慮に欠けるものといわざるをえない。」

> 【判例 3】
> 関東求人情報センター事件・最 2 小判昭和 57・4・2 刑集 36 巻 4 号 583 頁（判例 2 の上告審判決）

判旨　「原判決の認定するところによれば，被告人らは，『日本求人協会』のちには『関東求人情報センター』という名称（以下「協会」という。）を使用し，求職の申込みをした者を事務所備付けの求職者リストにその氏名，住所，年齢，学歴，希望職種等を記入して登載し，いつでも求人者に紹介することができる態勢を整えたうえ，契約金を支払って協会の会員となった求人者に対し『求職新聞』又は『購読者リスト』と題する求職者の名簿……を交付して求職者の氏名等を知らせるとともに，求人者の採用面接の段階で必要となる『面接案内書』及び『面接通知書』も被告人らにおいて準備するなどの便宜を図り，もって求人者をして求職者と面接するように仕向けた，というのであるから，被告人の右所為は職業安定法 32 条 1 項にいわゆる『職業紹介』にあたるものというべきであり，また，同法 64 条 1 号は，同法 32 条 1 項本文の規定に違反して有料の職業紹介事業を行った者を，求職者の自由意思を制限する虞れのある手段を用いて行ったか否かを問うことなく，処罰する趣旨であることは明らかであって，これと同旨の原判断は相当である。」

> 【判例 4】
> 職業安定法違反被告事件・福岡高判昭和 29・10・30 高裁特報 1 巻 10 号 431 頁

判旨　「職業安定法第 5 条にいわゆる職業紹介は求人者と求職者との間の雇傭関係の成立をあっ旋することを実質的内容とするものであり，あっ旋行為が利害の相対立する両当事者間の交渉に介入することについて通例両当事者の諒解があり双方の依頼を受けて行われることに鑑みると，右の場合行為者があらかじめ，求人及び求職の申込をうけたことは当然あっ旋行為の前提をなすものであるから，求人者と求職者との間に介入してその間における雇傭関係の成立をあっ旋した具体的事実を判示すれば，それが求人及び求職の申込をうけたことに基くものであることを自ら暗に判示したものと解されるので，行為者が求人者と求職者との間における雇傭関係の成立をあっ旋した事実が具体的に判示されている以上，あらかじめ求人及び求職の申込をうけて右

あっ旋をするに至った旨を判文に特に明示しなくとも，職業紹介をした事実の判示として何等欠けるところはないものということができる。」

> 【判例5】
> 東京エグゼクティブ・サーチ事件・最2小判平成6・4・22労民集48巻3号944頁

判旨 「職業安定法にいう職業紹介におけるあっ旋とは，求人者と求職者との間における雇用関係成立のための便宜を図り，その成立を容易にさせる行為一般を指称するものと解すべきであり（……），右のあっ旋には，求人者と求職者との間に雇用契約を成立させるために両者を引き合わせる行為のみならず，求人者に紹介するために求職者を探索し，求人者に就職するよう求職者に勧奨するいわゆるスカウト行為（以下「スカウト行為」という。）も含まれるものと解するのが相当である。けだし，同法は，労働力充足のためにその需要と供給の調整を図ることと並んで，各人の能力に応じて妥当な条件の下に適当な職業に就く機会を与え，職業の安定を図ることを目的として制定されたものであって，同法32条は，この目的を達成するため，弊害の多かった有料の職業紹介事業を行うことを原則として禁じ，公の機関によって無料で公正に職業を紹介することとし，公の機関において適切に職業を紹介することが困難な特別の技術を必要とする職業に従事する者の職業をあっ旋することを目的とする場合については，労働大臣の許可を得て有料の職業紹介事業を行うことができるものとしたものであるところ（……），スカウト行為が右のあっ旋に当たらず，同法32条等の規制に服しないものと解するときは，以上に述べた同法の趣旨を没却することになるからである。この理は，スカウト行為が医師を対象とする場合であっても同様である。また，同法にいう職業紹介に当たるというためには，求人及び求職の双方の申込みを受けることが必要である（同法5条1項）が，右の各申込みは，あっ旋に先立ってされなければならないものではなく，例えば，紹介者の勧奨に応じて求職の申込みがされた場合であってもよい。」

> 【判例6】
> 職業安定法違反被告事件・福岡高判昭和28・9・22高刑特報14号206頁

判旨 「職業安定法にいう職業紹介とは，同法第5条第1項に規定するように求人及び求職の申込を受け，求人者と求職者との間における雇用関係の成立をあっ旋することをいうのであるから，自ら又は人を介し，両者を引合わせ若くはその手引きをするなど求人者と求職者との間に雇用関係の成立するようその機会を作り出すことであつて，必ずしも自己自らが始終直接求人者と求職者との間に介在し雇用関係の成立に関与することを要しないものと解すべきである。」

> 【判例7】
> 職安法違反被告事件・最3小判昭和30・10・4刑集9巻11号2150頁（後掲判例9の上告審判決）

判旨 「売笑婦とその抱主との関係は，職業安定法5条1項にいわゆる『雇用関係』にあたること及び職業安定法5条にいわゆる『雇用関係』とは，必ずしも厳格に民法623条の意義に解すべきものではなく，広い社会通念上被用者が有形無形の経済的利益を得て一定の条件の下に使用者に対し肉体的，精神的労務を供給

第2節　職業紹介規制

する関係にあれば足るものと解するを相当とすることは，当裁判所の判例とするところである……。また，職業紹介とは，求人および求職の申込を受けて求人者と求職者の間に介在し，両者間における雇用関係成立のための便宜をはかり，その成立を容易ならしめる行為一般を指称し，必ずしも，雇用関係の現場にあって直接これに関与介入するの要はないと解すべきである。」

【判例8】
職安法違反等被告事件・東京高判昭和33・6・24東京高裁（刑事）東高（刑）時報9巻6号163頁

判旨　「職業安定法第5条第1項は，『この法律で職業紹介とは，求人及び求職の申込を受け，求人者と求職者との間における雇用関係の成立をあっ旋することをいう』との定義を掲げている。しかし求人及び求職の申込が明示的に為されることを要するとしているのではないから，暗黙の間にあって申込と認められる意思表示が存するなら，それで十分であるといわなければならない。又同条は，『求人及び求職の申込』と『雇用関係の成立あっ旋』との間に先後の順位を定め，先ず求人及び求職の申込が為されることを要し，然る後に雇用関係の成立をあっ旋するのでなければ，同条の職業紹介に該当しないものとしているのではない。たとえば求人及び求職の申込を受けるに先立って，労働者を雇用しようとする者及び労働者になろうとする者に対し，それぞれ求人又は求職の申込を勧誘し，雇用関係の成立をあっ旋することもあり得るところで，このような勧誘に応じた求人及び求職の申込を受けることができたなら，右あっ旋行為は申込との時間的先後に拘らず職業安定法第5条の職業紹介というを妨げないものと解するのが相当である。なお

同条には雇用関係が現実に成立する事を要件としていないから，あっ旋行為が雇用関係成立に及ぼした影響力，いいかえればあっ旋と雇用関係との間に因果関係がある事を要するものではない。」

【判例9】
職安法違反事件・東京高判昭和31・3・31高裁特報3巻7号320頁

判旨　「職業安定法第5条の規定によれば，同法にいわゆる職業紹介とは求人及び求職の申込を受け，求人者と求職者との間における雇傭関係の成立をあっ施することをいうものであること，したがって同法にいわゆる職業紹介というがためには求人者からの求人申込と求職者からの求職の申込との存在することを要することは所論のとおりであるが，右はあらかじめ一方において求職の申込があり，他方において求人の申込があり，その間に介在して雇傭関係の成立をあっ施する場合に止まらず，紹介者においてまず求職者からの求職の申込を受け，しかる後に自ら適当な雇い入れ先を物色してその雇い入れ方をしょうようし結局そのあっ旋方の依頼を受け，その間に介在して雇傭関係の成立をあっ旋する場合もあり得る」。

「職業安定法にいわゆる労働者とは，広く労働力の主体である個人で対価を得て又は得ようとして雇用主との間に自己の労働力提供の関係に立つか又は立とうとする一切の者をいい，本件のごとき売淫をする婦女もまた同法にいわゆる労働者と解すべきことはすでに当裁判所の判決（昭和27年（う）第3664号，同28年12月26日第10刑事部判決）の示すとおりであり，かつ本件において原判示A及びその妹Bが被告人Cのあっ旋のもとに営業主たる相被告人Dの統制下に立ち，これに従属

してその店舗に住み込み，部屋その他の各種設備の提供を受けて営業主のために売淫の業務に従事して雇用主のために自己の労働力を提供し，もってこれに対する有形無形の対価を営業主たるDから受けている（から）……両名はすなわち職業安定法にいう労働者に該当するものといわなければならない。」

「本件赤線女給の業務が公衆道徳上有害な業務に該当するや否やについて按ずるに，……売淫行為はたとえ所論のごとく他人の視界から隔絶された場所で隠秘の間に取り行われ，かつその施設がいわゆる特殊カフエーとして黙認されていたとしても，また如何なる動機原因からこれをなすに至ったとしても，正常な国民感情に照しまさにひんしゅくすべき，性道徳に反する非倫的行為であることはいうまでもないところであって，売淫行為を業とする本件赤線女給の業務が公衆道徳上有害な業務に該当しないとする所論は到底採用し難い。」

【判例10】
職業安定法営利誘拐被告事件・札幌高函館支判昭和25・10・4高刑特報14号206号

判旨 「職業安定法第5条第1項に所謂雇用関係とは純然たる雇傭契約でなくとも，社会通念上使用従属の関係と認めらるる場合を指称するものと解すべきことは，同法立法の精神に照らし疑を容れないところであるから，仮令本件特殊喫茶店主たるAと淫売婦Bとの契約が所論のように「AはBに対し，場屋寝具その他を使用せしめ，且つ食事を給し，之に対しBは替価を支払うことを内容とするものである。」としても，両者の関係を実質的に観察すれば，AがBを自宅に居住させて食事を給し寝具その他を使用させ坐席を提供すること自体B に売笑行為を反覆累行させているものというべきであって，所論の替価といえども単なる食費又は使用料と見るべきではなく，Bが売笑行為によって得た金銭を両名が歩合によって分割しているのであって，報酬の額を一定せず稼ぎ高に応じて支払うのと何等変りはないのであるから，右両人の間には自ら使用従属の関係があることは明らかで，之を右に所謂雇用関係と見るべきは当然である。」

【判例11】
職業安定法違反事件・福岡高判昭和28・1・31高刑特報26号1頁
[職業安定法第5条第1項にいわゆる「雇傭関係」の意義]

判旨 「職業安定法第5条第1項にいわゆる雇傭関係とは，純然たる雇傭契約でなくとも，社会通念上，一般に使用従属の関係と認められる場合をいうものと解すべきところ，原判決のあげている関係部分の各証拠によって認められるように，判示第一の従業婦N同Hと楼主である特殊飲食店一丸こと，A，同新七福ことBとの各契約が，たんに「部屋を貸し，稼ぎ高を折半する」といい，形式は，楼主において部屋，寝具その他を使用させ且つ食事を給して，これに対し，従業婦において，対価を支払うべきことを内容とする契約であるにしても，その実質は，従業婦達に売淫行為を反覆累行させ，その売淫行為によって得た対価を楼主と従業婦との両者が折半しているのであって，報酬の額を一定せず，その稼ぎ高に応じて支払うべき契約であって，その間，一般に使用従属の関係の存することが，明かであるから，冒頭説示したところによって，本件従業婦N，同Hと楼主のA，Bとの各契約関係は職業安定法第5条第1項にいわゆる雇傭関係にあたるものといわねばならぬ。」

第3節　募集規制

> 【判例12】
> 職業安定法違反被告事件・最1小判昭和29・3・11刑集8巻3号240頁（後掲判例14の上告審判決）

判旨　「職業安定法は，旧法とは異り産業上の労働力充足のためにその需要供給の調整を図ることだけを目的とするものではなく，広く職業の安定を図ることを大きな目的とするものであることは，夙に当裁判所大法廷の判例とするところであるから（昭和25年6月21日大法廷判決，判例集4巻6号1049頁以下参照），原判決の認容した本件第一審判決の認定した判示接待婦等を紹介したような行為が職業安定法63条，64条等の処罰規定に該当するものであることは，多言を要しないところであって，所論のごとく同法の適用外の自由に放任された業務であると解すべき理由を見出すことはできない。また，同法五条にいわゆる雇用関係とは，必ずしも厳格に民法623条の意義に解すべきものではなく，広く社会通念上被用者が有形無形の経済的利益を得て一定の条件の下に使用者に対し肉体的，精神的労務を供給する関係にあれば足りるものと解するを相当とするから，第一審判決が証拠に基き本件郡山関係，飛田新地，名古屋中村新地，松島新地及び京都府下における各業者と本件各婦女との実際の関係を判示のごとく認定し，その関係が同法にいわゆる雇傭関係に当るものと判断し，原判決もこれを是認したのは正当であるといわなければならない。」

第3節　募集規制

　職安法は「労働者の募集」を「労働者を雇用しようとする者が自ら又は他人に委託して，労働者となろうとする者に対し，その被用者となることを勧誘すること」（4条5項）と定義した上，委託募集を許可制とし（36条），被用者による直接募集と区別した上，募集受託者に許可制による報酬，被用者に賃金，給与その他これ準ずもの，以外の報酬を支払うことを禁止している（39条）。**判例13**は，「募集」の意味を「職業紹介」と区別して，「求人者からあらかじめ依頼のあったことに基づき紹介者が求人者に対し求人者の被用者になることを勧誘した場合」は「募集」に該当するとした。他方で，前掲**判例5**は，職業紹介のあっ旋には，「求人者に紹介するために求職者を探索し，求人者に就職するよう求職者に勧奨する」行為（スカウト行為）も含まれるとした。

　職安法63条2号は，「公衆衛生又は公衆道徳上有害な業務に就かせる目的で，職業紹介，労働者の募集若しくは労働者の供給を行ったもの又はこれらに従事した者」に対する罰則規定を定めているが，婦女を赤線女給の業務に就かせることは「公衆衛生上有害な業務」に，また，職業的に淫売させることは（前掲**判例9**），衛生などに注意させる場合でも「公衆道徳上有害な業務」にあたる（**判例14**）。ところで，この禁止目的の重点が，公益保護にあるのか労働者保護にあるのかは明らかではない（**判例13**と**判例15**）。

労働契約締結過程　9

第1章　職業安定法等による求人・募集の法規制

【判例13】
職業安定法違反被告事件・東京高判昭和28・12・26 高刑特報39号239頁

判旨　「職業安定法第5条によれば，職業紹介とは単に求人者と求職者を結びつけ両者の雇用関係の成立をあっ旋するものであり，労働者の募集とは雇用者が労働者となろうとする者に対し自から又は他人をしてその被用者になることを勧誘することであって，その区別はまことに明瞭であるが勧誘というのは就職意思のない者に対し特定雇用者の被用者となるようにすすめるのは勿論就職意思は一応あるが，就職先の定まっていないものに対し特定雇用者の被用者となることをすすめるのも包含するものと認める。

しかして所謂職業の周旋という場合には同法は周旋の定義を別に定めていないが，その意義は必ずしも職業紹介のみをさすものとは限らないと解せられる。即ち周旋という場合には求人者と求職者とを結びつけるにすぎない職業紹介の場合と特定の求人者の依頼のある場合にはこれに基いて求職者（労働者）に対しその求人者の被用者となることを勧誘して就職をあっ旋する場合及び広く求職者を求めて勧誘する場合とがあるものと考えられるが，このように求人者の依頼によって周旋者が勧誘行為をする以上は周旋というも職業紹介ではなく，労働者の募集の範疇に属するものと認むべきものである。従って周旋を依頼するという場合には単に職業紹介を依頼する求人の申込である場合と，勧誘を伴う募集を委託する場合の二た通りがあるものと解せられる。尤も求職者から求人者の業態を尋ねられた場合にその内容を単に説明する程度ならば，職業紹介の本質上当然のことと認められるが，これは勧誘に亘らないものでなければならない。この時求人者から予め依頼のあつたことに基き紹介者が求職者に対し右求人者の被用者になることを勧誘したならばこの時は最早単なる求人の申込による紹介ではなく雇用者の募集と認めるべきものである。」

【判例14】
昭和22年勅令第9号違反職業安定法違反及び横領被告事件・東京高判昭和26・12・5 高刑集4巻14号2017頁

判旨　「いわゆる特殊カフェーとは風俗営業取締法，同法施行条例によつて単に「カフェー」として公認された業者中の一部の者が法令に根拠なく勝手につけた自称業名に過ぎず同条例取締の対象外にある特殊例外的の存在ではない。即ちその公認の限度は客席で客の接待をして客に遊興又は飲食をさせることにあり，婦女を抱え売淫行為を職業的にさせて営利を得る業態を公認されたものではない。而して原判決引用の証拠によれば，原判示第一の各カフェー業者は実際上その抱える婦女たちをして職業的に客に売淫させて収益を図ることを当初からの約旨として被告人と本件契約を為し，その結果も現実に斯る売淫行為のなされたことを認められ，斯ように婦女をして職業的に売淫をさせることは，所論の如く比較的設備や衛生等に注意させる場合でも猶公衆道徳上有害なことは当然であるから，被告人の前記婦女に関する契約は職業安定法第63条第2号にいわゆる公衆道徳上有害な業務に就かせる目的で職業紹介を行ったものに該当すること明らかである。論旨は理由ない。」

【判例15】
職業安定法違反被告事件・福岡高判昭和29・2・3高刑特報26巻66頁

判旨　「凡そ犯罪の個数は常に必ずしもその法益のみにより決すべきものでないことは言うを俟たないのみならず，公衆衛生上及び公衆道徳上有害な業務に就かせる目的で職業紹介を行うことを禁じた職業安定法第63条第2号違反罪の法益は同法条の文意及びその精神に照らすと単に所論の如く社会法益のみではなく人格的法益の並存することが明らかであり，しかも同法条違反罪は同種類の行為の存在若しくは同種類の数個の行為が目的とされたことを犯罪の成立要件とする職業犯等のごときいわゆる集合犯の範疇に属するものでないから，同法条違反罪の構成要件を充足するときは，すなわち一個の犯罪が成立し，更に別に同構成要件を充足するときは別個の犯罪を構成すべきものである。従って職業安定法違反罪の被害法益は社会法益であるから同違反罪は一罪であるとする論旨は理由がない。」

第4節　労働者供給事業

職安法は，労働組合等が許可を受けて無料で行う場合（45条）以外の労働者供給事業を禁止している（44条）。しかし，1985年以降は，労働者派遣事業に該当するものは禁止から除外されている（4条6項，47条の2，労働者派遣法2条1号及び3号）。**判例16**は，派遣法2条1号に該当する就業形態は，労働者供給事業に該当しないとしている。また，同判決は，労働者供給事業に当たるという理由だけで，供給元と労働者と雇用契約が無効となるものではないとした。なお，組合が許可を受けて行う無料の労働者供給事業に関する判例の多くは，供給先と供給労働者の関係は労働契約であるとしている（例えば，**判例17**）。

【判例16】
松下プラズマ事件・最2小判平成21・12・18労判993号5頁

判旨　「請負契約においては，請負人は注文者に対して仕事完成義務を負うが，請負人に雇用されている労働者に対する具体的な作業の指揮命令は専ら請負人にゆだねられている。よって，請負人による労働者に対する指揮命令がなく，注文者がその場屋内において労働者に直接具体的な指揮命令をして作業を行わせているような場合には，たとい請負人と注文者との間において請負契約という法形式が採られていたとしても，これを請負契約と評価することはできない。そして，上記の場合において，注文者と労働者との間に雇用契約が締結されていないのであれば，上記3者間の関係は，労働者派遣法2条1号にいう労働者派遣に該当すると解すべきである。そして，このような労働者派遣も，それが労働者派遣である以上は，職業安定法4条6項にいう労働者供給に該当する余地はないものというべきである。

第1章　職業安定法等による求人・募集の法規制

　しかるところ，前記事実関係等によれば，被上告人は，平成16年1月20日から同17年7月20日までの間，Ｃと雇用契約を締結し，これを前提としてＣから本件工場に派遣され，上告人の従業員から具体的な指揮命令を受けて封着工程における作業に従事していたというのであるから，Ｃによって上告人に派遣されていた派遣労働者の地位にあったということができる。そして，上告人は，上記派遣が労働者派遣として適法であることを何ら具体的に主張立証しないというのであるから，これは労働者派遣法の規定に違反していたといわざるを得ない。しかしながら，労働者派遣法の趣旨及びその取締法規としての性質，さらには派遣労働者を保護する必要性等にかんがみれば，仮に労働者派遣法に違反する労働者派遣が行われた場合においても，特段の事情のない限り，そのことだけによっては派遣労働者と派遣元との間の雇用契約が無効になることはないと解すべきである。そして，被上告人とＣとの間の雇用契約を無効と解すべき特段の事情はうかがわれないから，上記の間，両者間の雇用契約は有効に存在していたものと解すべきである。」

【判例17】
泰大進交通事件・東京地判平成19・11・16労判952号24頁

（判旨）「被告と原告ら組合員との使用関係は，本件供給契約の存続を前提としつつ，本件労働協約に定めのない事項については労働基準法や被告の就業規則等が適用され，雇用保険法の適用等の面では被告が事業主となってその雇用責任を負う特殊な労働契約関係であると解される。……もっとも，上記裁判例中，鶴菱運輸地位保全等仮処分異議事件・横浜地判昭和54年12月21日労判133号13頁（書証略）は，供給を受けていた生コンクリートミキサー車の運転者が労働組合を脱退したものの，供給先との間において期間の定めのない労働契約が成立しているとしてその地位確認を求めたという事案について，供給先と供給を受けた者との使用関係は，供給を受けた者が組合を脱退し，労働者供給の対象外となった日をもって終了したものと認めるのが相当であると判示して，その地位保全を認めなかったものであるところ，供給先と供給を受けた者との使用関係について，前記のように特殊な労働契約関係と理解した場合でも，労働者供給契約に基づく供給の存続が前提となるのであるから，労働者が労働組合を脱退し供給の対象とならなくなったという上記事案では，当然に労働契約関係も終了することになると解せられることから，上記事案では上記裁判例と同一の結論となろう。

　また，渡辺倉庫運送解雇予告手当金請求事件・東京地判昭和61年3月25日労判471号6頁（書証略）は，タンクローリー運転手として供給されてきたところ，労働者供給契約（期間1年）の更新に際し，労働組合による人選の結果，供給の対象から漏れた労働者が，これまでの供給先に対し，解雇予告手当の支払を求めたという事案について，供給された労働者と供給先との使用関係は，労働者供給契約の期間が満了したことにより当然に終了するものであるから，翌年に供給される労働者として当該事件原告が選ばれなかったからといって，これを通常の解雇に当たるものということはできないと判示して，元供給先に解雇予告手当の支払義務を認めることができないとしたものであるところ，これもまた供給された労働者と供給先との使用関係を前記のように理解した場合でも同一の結論となろう。」

第2章
採用の自由と規制

第1節　採用の自由

　使用者の採用の自由（使用者の労働契約の締結自由）を一般的に規制する実定法は存在せず，**判例18**において，最高裁は，憲法は，22条（職業選択の自由）及び29条（財産権の保障）等に基づき，使用者は経営活動の一環として契約締結の自由を有し，「法律その他による特別の制限がない限り，原則として自由にこれを決定できる」。そして，思想・信条を理由とする採用拒否も，「法律に別段の定めがある場合を除いて」，当然に違法とすることはできないとする。なお，下級審判例の中には，思想・信条自体を理由とする採用拒否が不法行為に該当する場合もあり得るが，それが決定的な理由であるかを証明することの困難を説示する判例がある（**判例19**）。他方で，**判例20**は，労基法3条の労働条件の「労働者の国籍，信条又は社会的身分を理由とする」差別取扱い禁止規定は，採用が「労働条件」に該当しないため，思想・信条を理由とする採用拒否には適用されないとする。

【判例18】
三菱樹脂事件・最大判昭和48・12・12民集27巻11号1536頁

（判旨）「憲法は，思想，信条の自由や法の下の平等を保障すると同時に，他方，22条，29条等において，財産権の行使，営業その他広く経済活動の自由をも基本的人権として保障している。それゆえ，企業者は，かような経済活動の一環としてする契約締結の自由を有し，自己の営業のために労働者を雇傭するにあたり，いかなる者を雇い入れるか，いかなる条件でこれを雇うかについて，法律その他による特別の制限がない限り，原則として自由にこれを決定することができるのであって，企業者が特定の思想，信条を有する者をそのゆえをもって雇い入れることを拒んでも，それを当然に違法とすることはできないのである。憲法14条の規定が私人のこのような行為を直接禁止するものでないことは前記のとおりであり，また，労働基準法3条は労働者の信条によって賃金その他の労働条件につき差別することを禁じているが，これは，雇入れ後における労働条件についての制

第2章　採用の自由と規制

限であって，雇入れそのものを制約する規定ではない。また，思想，信条を理由とする雇入れの拒否を直ちに民法上の不法行為とすることができないことは明らかであり，その他これを公序良俗違反と解すべき根拠も見出すことはできない。右のように，企業者が雇傭の自由を有し，思想，信条を理由として雇入れを拒んでもこれを目して違法とすることができない以上，企業者が，労働者の採否決定にあたり，労働者の思想，信条を調査し，そのためその者からこれに関連する事項についての申告を求めることも，これを法律上禁止された違法行為とすべき理由はない。もとより，企業者は，一般的には個々の労働者に対して社会的に優越した地位にあるから，企業者のこの種の行為が労働者の思想，信条の自由に対して影響を与える可能性がないとはいえないが，法律に別段の定めがない限り，右は企業者の法的に許された行為と解すべきである。また，企業者において，その雇傭する労働者が当該企業の中でその円滑な運営の妨げとなるような行動，態度に出るおそれのある者でないかどうかに大きな関心を抱き，そのために採否決定に先立ってその者の性向，思想等の調査を行なうことは，企業における雇傭関係が，単なる物理的労働力の提供の関係を超えて，一種の継続的な人間関係として相互信頼を要請するところが少なくなく，わが国におけるようにいわゆる終身雇傭制が行なわれている社会では一層そうであることにかんがみるときは，企業活動としての合理性を欠くものということはできない。」

【判例19】
慶応病院看護婦不採用事件・東京高判昭和50・12・22労民集26巻六号1116頁

判旨　「私人相互間の関係については，いかなる意味においても，これらの憲法の規定の精神が適用されることはまったくありえないということを意味するものではない。なぜならば，裁判所もまた国家権力の行使にあたる国の機関である以上，私人相互間の行為であつても，それが憲法の諸規定の精神をふみにじるものであることが明らかであつて，その行為の態様，程度等からみて社会的に許容し得る限度を超えると認められる場合においては，その公権的判断においてこれを是認する判断を示すことが許されるはずはなく，かような場合には，裁判所は，その公権的判断において，当該行為をもつて憲法のこれらの規定の精神に反するものとして無効とするなど，憲法の精神にそう取扱いを示すべきことが要請されているものといわねばならないからである。この意味において，私人間の行為であつても，裁判所が当該行為をもつて，憲法の精神に基づく公の秩序に反するものとして無効とし，若しくは憲法の精神にそむくと認められる行動をとる者に対し憲法の精神にそうような行為をなすべきことを命ずるなど，憲法の精神にそう取扱い，判断をしなければならない場合があり得ることは，これを認めねばならない。しかしながら，右述のような理由により労使関係が具体的に発生する前の段階においては，人員の採否を決しようとする企業等の側に，極めて広い裁量判断の自由が認められるべきものであるから，企業等が人員の採否を決するについては，それが企業等の経営上必要とされる限り，原則として，広くあらゆる要素を裁量判断の基礎とすることが許され，かつ，これらの諸要素のうちいずれを重視するかについても，原則として各企業等の自由に任されているものと解さざるをえず，しかも，この自由のうちには，採否決定の理由を明示，公開しないこと

の自由をも含むものと認めねばならない。たとえば，企業等が或る学校の卒業生の採否を決するにあたつては，その者の学業成績，健康状態等はもとより，その者の一定の思想信条に基づく政治的その他の諸活動歴，政治的活動を目的とする団体への所属の有無及び右団体員であることに基づく活動，これらの活動歴に基づく将来の活動の予測，並びにこれらの点の総合的評価としての人物，人柄が当該企業の業務内容，経営方針，伝統的社風等に照らして当該企業の運営上適当であるかどうかということ等，ひろく企業の運営上必要と考えられる事項を採否決定の判断の基礎とすることが許されるのであつて，しかも，学業成績等と前記の意味での人物，人柄についての評価いずれを重視すべきかということも，原則として，企業等の各自の自由な判断に任されているものと認めざるをえない。

　従って，労使関係が具体的に発生する前の段階において，企業等が或る人物を採用しないと決定したことが前記憲法の諸規定の精神に反するものとして，裁判所が公権的判断においてそれに応ずる判断を示すためには，思想，信条等が，企業等において人員の採否を決するについて裁量判断の基礎とすることが許される前記のような広汎な諸要素のうちの一つの，若しくは間接の（思想，信条等が外形に現われた諸活動の原因となっているという意味において）原因となつているということだけでは足りず，それが採用を拒否したことの直接，決定的な理由となつている場合であつて，当該行為の態様，程度等が社会的に許容される限度を超えるものと認められる場合でなければならないものと解するのが相当である。しかも，採否決定の理由を明らかにしない自由が認めらるべきことをも考えあわせれば，右の点の証明に事実上困難が伴うこととなるのは，やむをえないところである。」

第 2 節　法律による採用自由の規制

　それでは，三菱樹脂事件最判（前掲**判例 18**）がいう「法律に別段の定め」にはどのようなものがあるのか。現行法上，明らかなのは，募集・採用について，その性別に関わりなく均等な機会を与えることを義務付ける雇用均等法 5 条である。同条違反は違法となり，不法行為としての損害賠償の対象となり得る。もう 1 つ議論されてきたのは，組合員・組合活動を理由とする採用拒否が労組法 7 条 1 号の不利益取扱として禁止され，労働委員会が救済命令を発し得るかである。この点について，下級審の判例の中には，これを肯定するものもあるが（**判例 20**），最高裁は，労組法 7 条 1 号本文の前段と後段を分けて，採用拒否は前段の「解雇その他の不利益取扱い」には含まれないとして，これを否定する（**判例 21**）。ただし，同判決も「従前の雇用契約関係における不利益な取扱いにほかならないとして不当労働行為の成立を肯定することができる場合」を除外している。そして，従来から，下級審判例は，採用拒否が「実質的には解雇の色彩をも含んでいる」場合（**判例 22**）あるいは「解雇に等しい」といえる場合（**判例 23**）には，不当労働行為の成立を肯定してきた。**判例 21** は，こうした場合の不当労働行為の成立を

第 2 章　採用の自由と規制

肯定するものと解される。

【判例 20】
医療法人青山会事件・東京地判
平成 13・4・12 労判 805 号 51 頁

判旨　「企業者の採用の自由と労働者の団結権保障との比較考量の場合には，仮に雇入れの場合に労組法 7 条 1 号本文前段の適用がないとすれば，その限度で労働者の団結権が侵害されることになるが，労働者の団結権が使用者の労働力に関する取引の自由を制限する違法な行為として禁圧されてきた過去の歴史に鑑み，憲法上，労働者保護のためその団結権を保障することとしていること（憲法 28 条）からすれば，企業者に採用の自由があるからといって，労働者の団結権を侵害することが許されるとは考え難い。また，これを肯定するとすれば，労働者は，労働組合の組合員であること，労働組合に加入し，これを結成しようとすること，労働組合の正当な行為をすることをちゅうちょするおそれがあるが，そのような事態が生じることを容認することが適当であるとも考え難い。したがって，雇入れについても労組法 7 条 1 号本文前段が適用されると解するほうが，労働者の団結権を保障した憲法の趣旨にかなうものといえる。雇入れについても労組法 7 条 1 号本文前段が適用されるとすれば，逆に，その限度で企業者の採用の自由が制限されることになるが，企業者の採用の自由も無制限のものではないから，労働者の団結権保障の趣旨に鑑みれば，この制限もやむを得ないものと考えることもできる。

……労組法 7 条 1 号本文前段の文言上，雇入れについての不利益取扱いを禁じる旨の明文の規定はないが，同号本文前段は，『……労働者の解雇，その他の不利益取扱をすること』としており，労働者の不利益取扱いの最大のものとして，雇用関係の終了事由である解雇を例示したものであり，『その他の取扱』には解雇以外のすべての不利益取扱が含まれていると解することができる。その場合……同号は，雇用関係にない労組法の労働者についても適用されるし，その者については解雇はあり得ないから，『その他の取扱』の対象となる者を雇用関係のある労働者に限定する根拠に乏しい。労組法 7 条 1 号後段は，『労働者が労働組合に加入せず，若しくは労働組合から脱退することを雇用条件とすること』を禁じ，いわゆる黄犬契約の禁止を定めたものであるが，『雇入れに際し』などの限定文言はなく，雇入れの場合にこの雇用条件を付することのみならず，既に雇用関係にある労働者について新たに別にこの雇用条件を付することも，同号後段で禁止していると解される。したがって，同号後段が雇入れ後の労働関係を規律したものとはいえず，同号後段の規定があることは，同号前段は雇入れ前の，後段は雇入れ後の，各労働関係を規律したとする根拠とはなり得ない。このように，労組法 7 条 1 号本文前段，後段の文理解釈からして，雇入れについて同号本文前段の適用があるとすることに無理はない。」

【判例 21】
JR 北海道・JR 貨物事件・最 1 小判平成 15・12・22 労判 864 号 5 頁

判旨　「企業者は，経済活動の一環としてする契約締結の自由を有し，自己の営業のために労働者を雇用するに当たり，いかなる者を雇い入れるか，いかなる条

第 2 節　法律による採用自由の規制

件でこれを雇うかについて，法律その他による特別の制限がない限り，原則として自由にこれを決定することができるものであり，他方，企業者は，いったん労働者を雇い入れ，その者に雇用関係上の一定の地位を与えた後においては，その地位を一方的に奪うことにつき，雇入れの場合のような広い範囲の自由を有するものではない（最高裁昭和43年（オ）第932号同48年12月12日大法廷判決・民集27巻11号1536頁参照）。そして，労働組合法7条1号本文は，「労働者が労働組合の組合員であること，労働組合に加入し，若しくはこれを結成しようとしたこと若しくは労働組合の正当な行為をしたことの故をもって，その労働者を解雇し，その他これに対して不利益な取扱をすること」又は「労働者が労働組合に加入せず，若しくは労働組合から脱退することを雇用条件とすること」を不当労働行為として禁止するが，雇入れにおける差別的取扱いが前者の類型に含まれる旨を明示的に規定しておらず，雇入れの段階と雇入れ後の段階とに区別を設けたものと解される。そうすると，雇入れの拒否は，それが従前の雇用契約関係における不利益な取扱いにほかならないとして不当労働行為の成立を肯定することができる場合に当たるなどの特段の事情がない限り，労働組合法7条1号本文にいう不利益な取扱いに当たらないと解するのが相当である。」

【判例22】
　　万座硫黄救済命令取消事件・東京地判昭和 28・12・28 労民集 4 巻 6 号 549 頁

(事実)　本件は，不当労働行為救済命令の取消請求事件である。会社は，硫黄の採掘精錬を業とし，その採鉱部門は山頂にあるため，冬期は作業が不能であるため，毎年12月中旬に労働者全員を解雇し，翌年の3月下旬に採用する殊にしていた。昭和26年は，12月15日に解雇したが，翌27年1月22日，8名について採用拒否を通告したため，これが不当労働行為に当たるかが争われた。地労委は7名を救済したが，中労委は初審命令を変更して2名のみ救済する命令を発した。東京地裁は，右2名についても，不当労働行為の成立を否定し，中労委命令を取り消したが，判決理由中，次のように説示した。

(判旨)　「このように，作業不能期に解雇された従業員は，翌年度作業開始期において就職を希望すれば，特段の事情のない限り，再採用されていたのであるから，作業不能期に解雇された従業員は，翌年度の作業開始期における再採用につき，それを期待する利益を有していると考えられる。すなわち本件で解雇といい再採用というも，純然たる解雇または再採用ではなく，冬期仕事ができないので，一時仕事を休むためこのような雇用方式をとつたものの，実際はその間継続的な関連があるのであつて，再採用の拒否というも実質は解雇的色彩をも含んでいるからである。」

　しかし，本件の事実からは，採用拒否された2名につき，原告会社が両名の組合活動の「故に」再採用しなかつたものと認めることができないから，不当労働行為は成立しないものといわなければならない。

【判例23】
　　医療法人青山会事件・東京高判平成 14・2・27 労判 824 号 17 頁
　　（判例 20 の控訴審判決）

(判旨)　「控訴人による越川記念病院の職員のみくるべ病院の職員への採用の実態は，新規採用というよりも，雇用関係の承継に等しいものであり，労働組合法7

労働契約締結過程　17

条1号本文前段が雇入れについて適用があるか否かについて論ずるまでもなく、本件不採用については同規定の適用があるものと解すべきである。本件契約においては、控訴人は越川記念病院の職員の雇用契約上の地位を承継せず、同病院の職員を控訴人が雇用するか否かは控訴人の専権事項とする旨が合意されているが、上記採用の実態にかんがみれば、この合意は、仁和会と控訴人とが被控訴人補助参加人並びにこれに属する山本及び高橋を嫌悪した結果これを排除することを主たる目的としていたものと推認されるのであり、かかる目的をもってされた合意は、上記労働組合法の規定の適用を免れるための脱法の手段としてされたものとみるのが相当である。したがって、控訴人は、上記のような合意があることをもって同法7条1号本文前段の適用を免れることはできず、山本及び高橋に対して本件不採用に及んだのは、前記認定のようなみくるべ病院の職員の採用の実態に照らすと、同人らをその従来からの組合活動を嫌悪して解雇したに等しいものというべきであり、本件不採用は、労働組合法7条1号本文前段の不利益取扱いに該当するものといわざるを得ない。」

第3節　使用者の採否決定のための調査の自由

　三菱樹脂事件最判（判例18）は、使用者には採用の自由があるから、「採否決定に先立ってその者の性向、思想等の調査を行なうことは……企業活動としての合理性を欠くものということはできない。」としている。なお、職安法5条の4は、募集者に対しても、求職者の個人情報の収集を業務目的達成に必要な範囲内に限定し、その範囲内で保管、使用することを義務付けている。また、使用者による採用過程での労働者の健康に関する情報の取得は、プライバシーの保護の観点からの制約を受けるとするものが多い（判例24，判例25）。

【判例24】
　警視学校HIV検査事件・東京地判平成15・5・28労判852号11頁

判旨　「(1) HIV感染症に関しては、ガイドラインが作成された当時の平成7年当時以降も、現在に至るまで、1(3)において認定したような病態や感染の経路等について社会一般の理解が十分であるとはいえず、誤った理解に基づくHIV感染者に対する偏見がなお根強く残っていることは、いわば公知の事実に属する。そのような状況下において、個人がHIVに感染しているという事実は、一般人の感受性を基準として、他者に知られたくない私的事柄に属するものといえ、人権保護の見地から、本人の意思に反してその情報を取得することは、原則として、個人のプライバシーを侵害する違法な行為というべきである。

　他方、労働安全衛生法66条は、使用者に対し、雇入れ時の健康診断を義務づけ、これに違反したときの罰則を定め、併せて事業者に対し、労働者の健康保持増進対策を講じるべき努力義務を課している。

第3節　使用者の採否決定のための調査の自由

同法66条の上記定めは、健康診断の結果を労働者の適正配置及び健康管理の基礎資料とし、もって、使用者をして雇入れ後の労働者の健康維持に留意させる趣旨のものと解される。

また、これとは別に、雇用契約は労働者に一定の労務提供を求めるものであるから、使用者が、採用にあたって、労働者がその求める労務を実現し得る一定の身体的条件を具備することを確認する目的で、健康診断を行うことも、その職種及び労働者が従事する具体的業務の内容如何によっては許容され得る。

以上の観点からすると、採用時におけるHIV抗体検査は、その目的ないし必要性という観点から、これを実施することに客観的かつ合理的な必要性が認められ、かつ検査を受ける者本人の承諾がある場合に限り、正当な行為として違法性が阻却されるというべきである。」

【判例25】
B金融公庫事件・東京地判平成15・6・20労判854号5頁

判旨　「ア　証拠（〈証拠略〉）によれば、平成9年当時、B型肝炎ウイルスの感染経路や労働能力との関係について、社会的な誤解や偏見が存在し、特に求職や就労の機会に感染者に対する誤った対応が行われることがあったことが認められるところ、このような状況下では、B型肝炎ウイルスが血液中に常在するキャリアであることは、他人にみだりに知られたくない情報であるというべきであるから、本人の同意なしにその情報を取得されない権利は、プライバシー権として保護されるべきであるということができる。

他方、企業には、経済活動の自由の一環として、その営業のために労働者を雇用する採用の自由が保障されているから、採否の判断の資料を得るために、応募者に対する調査を行う自由が保障されているといえる。そして、労働契約は労働者に対し一定の労務提供を求めるものであるから、企業が、採用にあたり、労務提供を行い得る一定の身体的条件、能力を有するかを確認する目的で、応募者に対する健康診断を行うことは、予定される労務提供の内容に応じて、その必要性を肯定できるというべきである。ただし、労働安全衛生法66条、労働安全衛生規則第43条の定める雇入時の健康診断義務は、使用者が、常時使用する労働者を雇い入れた際における適正配置、入職後の健康管理に役立てるために実施するものであって、採用選考時に実施することを義務づけたものではなく、また、応募者の採否を決定するために実施するものではないから、この義務を理由に採用時の健康診断を五うことはできないというべきである（第2の1(3)の労働省通知参照）。

イ　アで検討したB型肝炎ウイルス感染についての情報保護の要請と、企業の採用選考における調査の自由を、前記1(1)で認定したB型肝炎ウイルスの感染経路及び労働能力との関係に照らし考察すると、特段の事情がない限り、企業が、採用にあたり応募者の能力や適性を判断する目的で、B型肝炎ウイルス感染について調査する必要性は、認められないというべきである。また、調査の必要性が認められる場合であっても、求職や就労の機会に感染者に対する誤った対応が行われてきたこと、医療者が患者、妊婦の健康状態を把握する目的で検査を行う場合等とは異なり、感染や増悪を防止するための高度の必要性があるとはいえないことに照らすと、企業が採用選考において前記調査を行うことができるのは、応募者本人に対し、その目的や必要性について事前に告知し、同意を得た場合に限られるというべきである。

労働契約締結過程

ウ　以上をまとめると，企業は，特段の事情がない限り，採用に当たり，応募者に対し，Ｂ型肝炎ウイルス感染の血液検査を実施して感染の有無についての情報を取得するための調査を行ってはならず，調査の必要性が存在する場合でも，応募者本人に対し，その目的や必要性について告知し，同意を得た場合でなければ，Ｂ型肝炎ウイルス感染についての情報を取得することは，できないというべきである。」

第 3 章
労働契約締結過程の信義則

第 1 節　契約締結過程の信義則の意義

　労働者が企業の募集や勧誘行為に基づいて，契約締結の交渉に入り，当該企業が採用してくれると信じるような言動を行ったため，それを信じて今まで努めていた会社を辞めたり，今までやっていた職探しを辞めてしまったところ，当該企業が最終的に不採用を決定し，又は，一旦成立した後程なく解除されしまう場合がある。こうした場合，労働契約の締結に関する使用者の情報の付与の仕方に不誠実がある場合や締結手続に企業側の過失があれば，労働者に一定の救済を与える必要がある。また，企業が労働契約の内容説明に過失があるような場合にも，労働者の不測の損害から救済する必要がある。そこで，最近では，労働契約に関しても，いわゆる「契約締結上の過失」の法理が数多くの事例において適用されるようになった。

第 2 節　求人者による契約交渉の一方的破棄

1　新卒者の契約締結期待の保護

　採用内定以前の段階で入社応募学生が採用担当者の言動等によって法的に保護すべき労働契約成立の期待が容易に生じるとはいえないが（**判例26**），「当事者が雇用契約の成立（採用内定）が確実であると相互に期待すべき段階」に至って合理的期待を裏切る場合不法行為になり得る（**判例27**）。具体的には，不法行為責任を認めた**判例28**は，企業が内々定を通知して，入社志望者たる学生が採用されると信じるような言動を行っておきながら，その取消しの可能性があることを早い段階で伝えなかった事案で，その学生の期待利益を侵害する不法行為があったとして，慰謝料請求が認められた。

第3章　労働契約締結過程の信義則

【判例26】
ケン・コーポレーション事件・
東京地判平成23・11・16労経速
2131号27頁

(事実) 被告の採用面接を受け，平成22年7月28日に採用の内々定を得たとする原告が，同年8月2日に被告から違法に内々定の取消し（被告の主張によれば，不採用の通知）を受けたと主張して，被告に対し，債務不履行又は不法行為に基づき，慰謝料及び逸失利益として70万円の損害賠償を求めた。

(判旨)「平成22年7月28日に行われた面接において，仮に，原告主張のとおり，C人事部長が『入社日は平成22年8月23日に決定しよう。』との発言をしたとの事実が認められたとしても，本件において原告は採用内定に至っていないのであるから，その後，原告の採用が見送られる可能性があることは当然であって，他に特段の事情がない限り，被告が原告を不採用としたこと自体が違法の評価を受けることはないと言うべきである。原告は，採用面接におけるC人事部長の『覚悟を決めてきてくれ。』との発言を論難するが，当該発言は，採用面接において，面接官が受験者の志望の強さや熱意を確かめる言葉として通常用いられる言葉であって，社会的に不相当なものとは考えられず，原告が他の志望先の選考を辞退したとの事実を加味して判断したとしても，上記特段の事情には該当しない。この点，原告は，C人事部長の上記発言により，採用内定が確実にされると期待するに至ったとして，債務不履行又は期待権侵害が成立する旨を主張するが，採用面接時に好感触を得たからと言って，その後，確実に採用内定に至るわけではないことは，むしろ常識に属する事項と言うべきであって，原告の当該主張は採用の限りで

はない。……以上によれば，本件における内々定の取消し又は不採用の通知が，不法行為ないし債務不履行に該当すると認めることはできないと言うべきである。」

【判例27】
B金融公庫事件・東京地判平成15・6・20労判854号5頁（前掲判例25と同一の判例）

(判旨)「始期付解除権留保付雇用契約が成立（採用内定）したとはいえない場合であっても，当事者が前記雇用契約の成立（採用内定）は確実であると期待すべき段階に至った場合において，合理的な理由なくこの期待を裏切ることは，契約締結過程の当事者を規律する信義則に反するというべきであるから，当事者が雇用契約の成立（採用内定）が確実であると相互に期待すべき段階において，企業が合理的な理由なく内定通知をしない場合には，不法行為を構成するというべきである。そこで，本件について検討するに，原告は四次面接後に『注意事項書』を提出する際，被告職員が『おめでとう。一緒にがんばろう。』とか，健康診査受検後，同じ大学のOB職員から『おめでとう』等と祝いの言葉を告げられて食事に招待されたことが認められるが……，被告の第1次採用手続においては，4次面接の後にも引き続き適性検査及び健康診査が予定されており，採用選考が実質的に終了したとはいえなかったこと……，健康診査は採用選考とは無関係である等との説明は被告側からされておらず，その一環であることを原告自身も認識していたこと（原告本人），当時，採用選考に応募している学生らは複数企業から内定の予告を受けることがあり，原告自身も被告以外の2企業から内々定を受けていたこと……，被告から原告に対し，他社の採用選考を

第 2 節　求人者による契約交渉の一方的破棄

辞退させるような働きかけはなされていないこと……，原告は，内定の予告を受けた他社の採用選考を 6 月末までに辞退したが，これは，被告の働きかけや拘束によるものではなく，自主的な判断によること，原告は，被告を第 1 志望にしており，その旨被告人事部に告げていたが，これが真実かどうか，被告には確認する手段がなかったこと……が認められる。そうすると，6 月 1 日の段階では，被告は原告に内定の予告をしたものの，実質的な採用選考として健康診査が残されており，この結果によって採否の予定が変更される可能性があることは原告にも了知されていたというべきであるし，かつ，被告の立場からすれば，原告が他社を選ぶ可能性を否定し得ない状況であったというべきであるから，6 月 2 日の健康診査の受検前に，原告と被告とが，雇用契約の成立（採用内定）が確実であると相互に期待すべき段階に至ったとは，認められないというべきである。また，6 月 2 日以降においても，……雇用契約の成立が確実であると相互に期待すべき段階に至ったということはできない。」したがって，不法行為には該当しない。

【判例 28】
コーセー・アールイー（第 2）事件・福岡高判平成 23・3・10 労判 1020 号 82 頁

事実　被控訴人（原告）は，平成 21 年 3 月に某大学を卒業する予定であり，平成 20 年 4 月ころ，控訴人会社の説明会，適性検査，面接試験を経て，同年 5 月 28 日に最終面接を受けた。同月 30 日ころ，控訴人会社は，被控訴人に内々定の通知及び入社承諾書を送付し，被控訴人は，同月 31 日付で入社承諾書に記名，押印して返送した。本件内々定通知は，控訴人の人事事務担当者の名義で作成され，その内容は「厳正なる選考の結果，貴殿を採用いたすことを内々定しましたのでご連絡いたします。つきましては，同封の書類をご用意頂き当社までご郵送ください。」というもので，同封の書類である入社承諾書の提出期限が記載され，また，「＊正式な内定通知授与は平成 20 年 10 月 1 日（水）を予定しております。」と記載されていた。入社承諾書は，被控訴人の代表取締役宛で「私〇〇は平成 21 年 4 月 1 日，貴社に入社しますことを承諾いたします。」という内容であった。

判旨　「本件内々定によって内定（始期付解約権留保付労働契約）が成立したものとは解されないから，控訴人の本件内々定取消しによって，被控訴人に内定の場合と同様の精神的損害が生じたとすることはできないが，他方，……採用内定通知書授与の日が定められた後においては，控訴人と被控訴人との間で労働契約が確実に締結されるであろうとの被控訴人の期待は，法的保護に十分に値する程度に高まっていたこと，被控訴人は，控訴人に就職することを期待して，本件内々定の前に受けていた他社からの複数の内々定を断り，就職活動を終了させていたこと，控訴人において，被控訴人のこのような期待や準備，更には就職によって得られる利益等に対する配慮をすることなく，被控訴人に対して上記のような採用についての方針変更について十分な説明をせずに，本件内々定の取消しを行い，被控訴人からの抗議にも何ら対応しなかったこと，本件内々定取消しによって受けた被控訴人の精神的苦痛は大きく，1 か月程度，就職活動ができない期間が生じ，控訴人がいまだ就職できないでいるのも，その際の精神的打撃が影響していることがうかがわれることをも考慮すると，被控訴人が本件内々定取消しによって受けた被控訴人の精神的損害を填補するための慰謝料は 50 万円と認めるのが相当である。」

第3章　労働契約締結過程の信義則

2　転職勧誘による労働者の契約締結期待の保護

　企業が有職者に転職を勧誘しておきながら，その者の前任企業からの退職後に，採用を拒否した場合，当該企業に契約締結過程における信義則違反があったとして，不法行為の成立を認める判例は多数存在する。これらの事案においては，その損害賠償の内容として，慰謝料のみを認める判例（判例29，判例30）のほか，前職に留まっていたなら得られたであろう逸失利益を認める判例（判例31）や当該企業が雇っていれば得られたであろう逸失利益を認める判例（判例32）がある。

【判例29】
ユタカ精工事件・大阪地判平成17・9・9労判906号60頁

判旨　「被告は，原告が想定しているであろう給与に比べると，著しく低額である金額の給与でしか雇用契約を締結することはできないと判断するに至ったにもかかわらず，これを原告に告げず，原告から給与について協議の申入れを受けるまで放置したが，このため，原告は，早期に再就職先を探すことになる機会を遅らせ，また，勤務先を退職した後ではあるものの，自分の想定する程度の給与の支給を受けることができるであろうとの期待を抱いていたにもかかわらず，明確な理由を告げられることなく，低額の給与額を提示された上，結局，雇用契約を締結することができなくなったことを考えると，原告の被った精神的損害は小さくない。特に，当初，被告が原告に対し，被告への入社を依頼した際の態度や，その後，被告の求めに応じ，金融機関との交渉の場に同席するなどしたことを考えると，その後の被告の対応は，不誠実といわれてもやむを得ず，その慰謝料としては120万円をもって相当と考える。」

【判例30】
大阪大学事件・大阪地判昭和54・3・30判タ384号145頁

事実　国立の大阪大学が教官の欠員補充のため，選考委員会を発足し，教官募集をした。当時，A私立大学助教授だった原告が応募し，同委員会は原告のみを第一候補者として推薦することに決定し，同委員会委員長が原告と面談して，採用の正式決定は遅れているが，4月1日には採用予定である，割愛要請状が遅れているので，A大学には一身上の理由ということで退職願を提出するようにと指示を与えた。そこで，原告は退職願を提出し，教官協議会で原告の推薦を了承する決議をしたが，臨時教官協議会で異議が出たところ，右決議は白紙に還元された。委員長から人事が行き詰まっていることを伝えられた原告が国に対して国賠法に基づく損害賠償を請求した。

判旨　「それにしてもK委員長は，せいぜい選考委員会を主宰して候補者を選考し，その結果を決定機関へ報告する権限・職責を有していたに過ぎないうえ当時の客観状勢として，原告が採用されるか否かは不確実な段階にとどまっていたから，慎重な取扱いを必要とした。にもかかわらず同委員長は，確たる根拠や見通しがあったとも窺えないのに，採用されるこ

第２節　求人者による契約交渉の一方的破棄

とを願う余りとはいえ，漫然と採用を軽信して，原告に退職を指示したことは節度を欠いた違法な行為と評さざるを得ない。」「K委員長のそれまでの言動を含めて大阪大学側の，さきに説示したような働きかけがあれば，原告ならずとも，採用への確信にまで高められるほどの期待を懐くであろうことは，推測するに難くないのであって，原告がK委員長に対し全幅の信頼を寄せていたとしても，それを責めることは相当でない。まして大学側が採否の決定権を背景に圧倒的な立場にあるのに比し，原告は第一候補者とはいえ，飽くまで受身の弱い立場にあったから，募集の衝にあるK委員長の指示や連絡があれば，それに忠実に従うことも，蓋し当然のことといえよう。」

【判例31】
かなざわ総本舗事件・東京高判
昭和61・10・14金融商事判例767号21頁

〔事実〕　被告会社の代表取締役は他社の取締役・総務部長の役職にあった原告に対し，入社を打診し，両者は労働契約の締結をめぐっての準備段階にあったところ，代表取締役は原告が勤務先に辞表を提出していた等の一連の経緯をその都度知らされていたが，なんらアクションも取らないまま，被告会社は原告の不採用を決定した。

〔判旨〕「契約締結の準備段階であっても，その当事者は，信義則上互いに相手方と誠実に交渉しなければならず，相手方の財産上の利益や人格を毀損するようなことはできる限り避けるべきである。特に本件は雇傭契約の締結をめぐっての準備段階とはいっても，控訴人会社が被控訴人を幹部社員として迎えるかどうかであって，両者の信頼関係は通常の契約締結準備段階よりも強かったことはさきに認定したとおりである。したがって，右準備段階での一方の当事者の言動を相手方が誤解し，契約が成立し，もしくは確実に成立するとの誤った認識のもとに行動しようとし，その結果として過大な損害を負担する結果を招く可能性があるような場合には，一方の当事者としても相手方の誤解を是正し，損害の発生を防止することに協力すべき信義則上の義務があり，同義務を違背したときはこれによって相手方に加えた損害を賠償すべき責任があると解するのが相当である。これを本件についてみてみると，……被控訴人が控訴人会社に入社するため小立製作所にいったんは辞表を提出したが会社側に受理されず，その後7月11日に再度辞表を提出し7月31日限り退社する予定となったことなど一連の経緯を，AはBを介してその都度知らされていたのであるから，前記1項で認定したところによると，A自身としては6, 7月ころにはさきの興信所の調査のこともあり，当初の印象と異なり被控訴人に対しかなりの不信感を抱いていたことが窺われるけれども，なお控訴人会社が被控訴人の雇傭問題について現在いかなる方針を抱いているか的確な情報を提供し，被控訴人が自己の行動を再検討する契機を与えるべき義務があったものというべきである。」

　……しかるに，Aは……前記義務を尽したものとは到底いうことはできない。してみると，控訴人会社としては，その代表者である金沢が，契約締結準備段階において要求される前記信義則に違背するという違法な不作為に及んだのであるから，その結果被控訴人に加えた損害を賠償すべき責任があるといわなければならない」

労働契約締結過程

第3章　労働契約締結過程の信義則

【判例32】
わいわいランド事件・大阪高判
平成13・3・6労判818号73頁

事実　被告（控訴人）会社の代表者Ａが他社との業務委託契約の締結を前提として無認可保育所を開設するために、他に勤務していた原告・被控訴人である労働者ら2名に対し、保育ルームの保母等として就職するよう雇用について話し合いをするめ、雇用通知表などを交付した。その後、他社との業務委託契約が成立しなかったため、Ｙ社は労働者等に対し、労働契約はなかったものとして頂きたいと伝えた。

判旨　「(1)Ａは、保育所を運営する第一審被告の代表者として、第一審原告らに積極的に働きかけ、具体的な雇用条件を提示して第一審被告との雇用契約を結ぶことを勧誘した。第一審原告らは、その結果、Ａの言葉を信頼し、第一審被告と雇用契約を結んだうえ、相当期間保母等として勤務を続けることができるものと期待した。(2)雇用契約の性質上、労務に服する第一審原告らが、第一審被告と雇用契約を結ぼうとする場合は、勤務先があるときはこれを解約し、また転職予定があってもこれを断念しなければならない。Ａはこのことを知っていたか、知ることができたはずである。(3)雇用によって被用者が得る賃金は生活の糧であることが通常であることにもかんがみると、福森は、第一審原告らの信頼に答えて、自らが示した雇用条件をもって第一審原告らの雇用を実現し雇用を続けることができるよう配慮すべき信義則上の注意義務があったというべきである。また、副次的には第一審原告らが福森を信頼したことによって発生することのある損害を抑止するために、雇用の実現、継続に関係する客観的な事情を説明する義務もあったということができる。(4)ところが、Ａは、補助参加人との保育業務の委託契約の折衝当初からこれが成立するものと誤って判断した。そのうえ、その折衝経過及び内容を第一審原告らに説明することなく、業務委託契約の成立があるものとして第一審被告との雇用契約を勧誘した。その結果、第一審原告Ｂについては契約を締結させたものの就労する機会もなく失職させ、同Ｃについては雇用契約を締結することなく失職させたものである。……(5)以上のＡの一連の行為は、全体としてこれをみると、第一審原告らが雇用の場を得て賃金を得ることができた法的地位を違法に侵害した不法行為にあたるものというべきである。したがって、Ａが代表者の地位にある第一審被告は民法709条、44条1項により、これと相当因果関係にある第一審原告らの損害を賠償する義務がある。」

第3節　契約成立直後の契約解消

　契約締結上の過失の典型的な類型として、一方当事者の過失により、一旦締結された契約が無効・不成立となる場合がある。この類型に近い労働契約の事案は、会社が有職者を他社から勧誘し退職させ、労働契約が成立した後、程なく契約が解消されたものである。労働者が実際に就労するに至らなかったか、ほとんど就労しなかったというものであり、雇用契約の目的が実質的に達成されなかった事案である。そのような事案で、

第3節　契約成立直後の契約解消

使用者の不法行為責任が認められた事例には，その契約解消が合意解約による事例（判例33），解雇による事例（前掲判例33），採用内定取消しによる事例（判例34，判例35）などがある。

【判例33】
大晃産業事件・大阪地判昭和60・11・26労判465号29頁

事実　被告会社の社長Ａと常務取締役Ｂは，新店舗（ミニ・クラブ）を開設するとの計画に基づき，原告ら2名に店長及び支配人として就労してほしいと積極的に働きかけた。原告らは給与及び賞与は当時の勤務先のそれと同一額支給ということで退職し，新店舗開設準備のため就労を開始したが，右計画は被告会社の重役会議の承認を受けられず挫折したためＸらの就労は不能となった。

判旨　「Ａらは，原告らを勧誘するに当たり，後日重役会議の承認を得られなければ，「ジャンボ」の3階部分にミニ・クラブをオープンできず，その結果原告らをその店長，支配人として就労させることができなくなることを予見し，又は予見し得る状況にあったにもかかわらず，そのことを原告らに告知したことはなく，かえって右ミニ・クラブをオープンすることを当然の前提として原告らを勧誘したため，原告らは，Ａらの勧誘行為を信頼し，右ミニ・クラブの店長，支配人として就労できるものと期待して訴外会社を退職し，Ａらとの間で本件雇用契約の合意をしたこと，ところが，その後重役会議の不承認で右ミニ・クラブのオープンが不可能となったため，原告らはその店長，支配人として就労できなくなり，やむなく本件雇用契約を合意解約するに至ったことは，既に認定したところから明らかである。そうすると，以上の事実に照らし，Ａらは，原告らを勧誘するに当たり，原告に対し『ジャンボ』3階部分のミニ・クラブの店長，支配人として就労できない場合もあり得ることを告知すべき信義則上の注意義務を怠った過失があったものというべきであるから，原告らが右勧誘行為により右ミニ・クラブの店長，支配人として就労できるものと信じて訴外会社を退職しその結果損害を被ったとすれば，右勧誘行為は不法行為を構成し，被告は，民法44条ないし715条により，右損害を賠償する責任があると解するのが相当である。」

【判例34】
インターネット総合研究所事件・東京地判平成20・6・27労判971号46頁

事実　被告会社の代表取締役Ａが証券会社勤務の原告（課長相当職のマーケティングリーダー）の転職入社を勧誘し，原告が勤務先に辞職を申出た後，給与レベルについて役員会の承認を得られず，採用を取り止めたという事案である。なお，原告は，役員会の不採用不承認の連絡を受けた後，勤務先に辞職撤回を申し出て受理されたが役職から外され年収は大幅に下がった。

判旨　「6月26日の役員会で本件の新規事業及び原告を雇用することについて合意が得られず，その旨を伝えた後，8月1日の雇用に向けて再度役員会の承認が得られるような説得工作をした形跡が全くうかがえないのであるから，被告は，6月26日をもって，原告に対して，いったん成立した始期付解約権留保付雇用契約を解約したものと認めるのが相当である。そして，その理由は上記のとおり役員会

第 3 章　労働契約締結過程の信義則

の承認が得られなかったからであるが，これが原告に対して解約の正当事由となりうるかについて検討するに，本件では否定的に解さざるを得ない。なぜなら，役員会の承認が原告との始期付解約権留保付雇用契約の条件となっていたのならともかく，そのようなことは一切ないからである。……原告が 5 月 18 日に上司に対して転職を考えている旨を伝えたことを告げた際も，同月 25 日には正式に辞意を表明した旨を告げた際も，何らこれを止めずにただ聞いていたというのであり，この時点ならまだ役員会の承認が得られないと雇用が実現できない可能性があることを告げて原告に対して辞職を思いとどまらせることもできたにもかかわらず，これをしていないのである。原告としては，被告から 4 月 3 日の合意に基づき被告から雇用してもらえると信じて J 証券との間で退職の手続を進め，その旨を乙山所長に告げて何も言われなかった以上，乙山所長において本件の新規事業及びこれと不可分の原告の雇用を進めることについて社内的な調整はすべて問題なく運んでいるであろうと信じる以外にないのであり，被告は，原告が退職の手続を進めたことによって生じた損害を賠償すべき義務があるというべきである。」

【判例 35】
パソナ（ヨドバシカメラ）事件・平成 16・6・9 大阪地判労判 878 号 20 頁

（事実）業務委託契約の締結を前提として，派遣元が準内定を労働者らに通知し，派遣先での研修を行ったところ，当該業務委託契約が不成立となり，派遣元が労働者を解雇した。

（判旨）「原告の採用が内定したと考えられる本件研修の時点においては，未だ本件業務委託契約は成立しておらず，被告パソナとしても，原告の本件店舗での就労が不能となる可能性があることについては認識していたのであり，したがって，被告パソナは，本件業務委託契約が結果的に不成立となり，原告の本件店舗での就労が不能となった場合には，留保解約権を行使せざるを得ないことを容易に予測することができたのであるから，就業場所・職種限定の特約付き労働契約の締結を原告に誘引し，その採用手続を進め，そのような不安定な地位に原告を置いた者として，原告に対し，本件業務委託契約が不成立となり，本件店舗での就労が不能となる可能性の存在を告知して，それでも労働契約の締結に応じるか否か原告に選択する機会を与えるべき信義則上の義務を負っていたというべきである。しかし，本件において，被告パソナが原告にそのことを告知したと認めるに足りる証拠はないから，同被告は，この義務を怠ったものというべきである。そうすると，被告パソナは，不法行為に基づき，この義務違反と相当因果関係を有する原告の損害を賠償すべき義務があるといわなければならない。」

第 4 節　契約内容説明義務

企業が労働契約の内容説明に過失があるような場合にも，労働者の不測の損害から救済する必要がある。例えば，使用者が求人広告及び説明会で同年齢新卒者の平均的給与と同等の給与待遇を受けることができると信じさせかねない説明を受けた転職応募者が

第4節　契約内容説明義務

採用後に同等の給与ではないことを知ったことによって被った精神的な損害の賠償を求めたものであり、東京高裁は、「雇用契約締結に至る過程における信義則違反の原則に反するもの」であり、不法行為を構成するとして請求を認めた（判例36）。

【判例36】
日新火災海上保険事件・東京高判平12・4・19労判787号35頁

事実　被控訴人は、有用な人材を求め、それまで臨時的に行ってきた中途採用を計画的に拡充する方針を立て、平成3年4月組合との協議を経て策定した運用基準に基づく中途採用の実施を決定した。同基準では、初任給決定は「当該年齢の現実の適用考課の下限を勘案し、個別に決定する」とされた。これは、採用時点で同年齢の新卒入社者の最下限を勘案し決定する意味であり、そうしないと、社員全体の公平感、モラールを損なう虞があるとの判断によるものであった。なお、前記募集広告には、1989年、1990年既卒者を対象として、「もちろんハンディはなし。たとえば89年卒の方なら、89年に当社に入社した社員の現時点での給与と同等の額をお約束します。」等と記されていた。平成3年11月の会社説明会で、被控訴人は控訴人に「本給・手当項目」と題する書面を示したが、同書面には手当額のほか、本給については「別紙のとおり」とのみ記載されていた。

判旨　「被控訴人は、計画的中途採用を推進するに当たり、内部的には運用基準により中途採用者の初任給を新卒同年次定期採用者の現実の格付のうち下限の格付により定めることを決定していたにかかわらず、計画的中途採用による有為の人材の獲得のため、控訴人ら応募者に対してそのことを明示せず、就職情報誌『B-ing』での求人広告並びに面接及び社内説明会における説明において、給与条件につき新卒同年次定期採用者と差別しないとの趣旨の、応募者をしてその平均的給与と同等の給与待遇を受けることができるものと信じさせかねない説明をし、そのため控訴人は、そのような給与待遇を受けるものと信じて被控訴人に入社したものであり、そして、入社後1年余を経た後にその給与が新卒同年次定期採用者の下限に位置づけられていることを知って精神的な衝撃を受けたものと認められる。かかる被控訴人の求人に当たっての説明は、労働基準法15条1項に規定するところに違反するものというべきであり、そして、雇用契約締結に至る過程における信義誠実の原則に反するものであって、これに基づいて精神的損害を被るに至った者に対する不法行為を構成するものと評価すべきである。」

第 4 章
労働契約の成立

第 1 節　採用内定

1　採用内定の法的性格

　わが国の企業では，学卒予定者を正社員として，毎年4月に定期採用する慣行がある。企業の採用活動は，1953年の就職協定（当初は前年10月推薦開始・採用選考試験は1月以降という内容）があったが，経済の高度成長で企業はできるだけ早く良い新卒者を獲得すべく，採用募集を開始して採用者したい学生に採用内定の通知を出すということが行われてきた。その後オイルショック以降，1997年に廃止されるまで就職協定は前年10月1日採用選考開始を取り決めていた。そこで，企業はそれ以前に採用したい学生の囲い込みのために内々定の通知を出すようになっていた。

　こうした歴史をもつ採用内定であるが，その法的性格のとらえ方については，労働契約締結の過程，労働契約締結の予約，解除条件又は停止条件付労働契約の成立等とする学説上の諸説があった。こうした中，裁判所の初期の判例には，求職学生が誓約書を提出した段階で将来の一定の時期に，何ら特別の意思表示を要することなく，試用労働契約を成立させる旨の採用内定契約ともいうべき一種の無名契約であるとするものや（判例37），卒業すること及びその他の解除事由がないこと等を停止条件として成立する労働契約であるとするものもあった（判例38，判例39）。また，就業規則・身元保証書を提出し，就業規則所定の雇入手続はんど完了し，その後の契約書作成や辞令交付も手続も定められていないが，内定者は高校3年在学中であることから，卒業できないことやその他の解約事由を解除条件とする労働契約が成立した等として解除条件説を採るものも少なくなかった（判例40）。このように，判例が労働契約締結過程説や労働契約予約説を採用しなかったことの根底には，「新規学卒予定者の場合，俗に『青田刈』と称されるとおり，大中企業は早期に採用試験を実施して採用内定者を決めてしまい，その時期に遅れたときには補充的採用や小企業だけが残されるなど就職希望者にとって不利な条

第4章　労働契約の成立

件下におかれることが広く知られた事実だった」（**判例38**）ことがあった。しかし，判例は，早いうちから解約権留保付労働契約と捉えるものが多くなっていたといえる（**判例41，判例42，判例43**）。採用取消しの効力判断は，事実の成否を問うものというよりは，使用者の裁量権の行使の当否を問うものであるから，条件付とするより解約権留保付とした方が妥当であり，内定取消しの有効性を柔軟に判断できると考えられたのであろう。そして，**判例44**において，最高裁が，内定の法的性格は具体的な事案に則して判断されるべき旨の留保を付けながらも，同説を適用して以降は，裁判所は，一般に，その判断枠組みを適用して内定取消し事件を処理してきたといえる。

【判例37】
大日本印刷事件・大津地判昭和47・3・29労民集23巻2号129頁

判旨　「本件においては，被告から原告に対する採用内定の通知をなし，原告から被告に対し誓約書を提出した段階において，将来の一定の時期（入社日・原告の大学卒業後で昭和44年3月末日頃が予定されている）に，互に何ら特別の意思表示を要することなく，原被告間に試傭労働契約を成立させるとの合意，いわば採用内定契約ともいうべき一種の無名契約（以下便宜上，採用内定契約という。）が成立したものと解するのが相当である。

もつとも，採用内定の段階においては，その基礎にある将来の試傭労働契約の内容，労働条件等については，不確定の要素の多いことは否定しえないけれども，そもそも労働契約そのものがいわゆる附合契約たる性質を有するものであり，労働者は使用者の定めた契約内容，労働条件に従つて労務を提供することを約する性格のものであるから，採用内定の段階で，以上のことが若干不明確であるからといつて，右のような契約の成立を否定する論拠とはなし難い。」

【判例38】
五洋建設事件・広島地呉支判昭和49・11・11労判216号64頁

判旨　「原告と被告会社間には，その成立について争いのない昭和48年3月に原告が呉工専を卒業することを条件とし，就労の始期を昭和48年4月とする労働契約が継続している（原告が昭和48年3月に呉工専を卒業したことは弁論の全旨により認められる）と認められるから，以下原告請求の各項目について判断する。（一）被告会社が原告の地位を争っていることは弁論の趣旨により明らかであるから，昭和48年4月1日以降被告の従業員たる地位を有することの確認を求める原告の請求は理由がある。……（三）つぎに慰謝料請求について検討する。被告会社の採用内定取消は2項認定のとおり，何ら首肯させるに足りる理由がないのみならず，その方法においても1項認定のように被告会社が推せんを依頼した呉工専の了解も求めず，原告，原告の父，呉工専教諭の求めにかゝわらずその理由を明らかにしないなど，信義に欠けるものといわねばならない。……原告は5月に被告会社の採用内定があったので他社を受験せずにいたところ，10月28社との接渉と併行して他への就職を考慮したときもあつたが，本社採用でなく支店採用で給料も安い受

第 1 節　採用内定

験先しかなかったこと，……呉工専卒業は卒業後設計事務所でアルバイトをしていることが認められる。さらに被告会社の就労拒否によって，建築技術の向上の機会を阻まれ，当然予想される昇給等の利益を得られない損害も無視できない。以上の点を考慮すると，……原告は不当な精神的損害を蒙ったものと認められるから，当裁判所は諸事情を考慮し，その慰謝料として金 30 万円の請求を相当と認めてこれを認容し，その余を理由がないものとして棄却することとする。」

【判例 39】
桑畑電気事件・大阪地決昭和 51・7・10 労判 257 号 48 頁

(判旨)「雇傭契約ないし労働契約は当事者間の意思の合致のみにより有効に成立しうるものではあるが，それは，単純一回的な取引契約などと異なり，契約両当事者間の現実的継続的な相関関係を本質とするものであること，したがって，いまだ学校卒業予定者との間に契約が成立したに過ぎず，現実に労務と賃金の授受をめぐる人的結びつきを生じない段階にあっては，雇入れた側は卒業予定者を自己の従業員として取り扱わず，採用された側でも未だ企業の従業員という意識を持たないのが常態であり，雇入れに関する若干の規定を除けば就業規則の適用される余地も少ないことなどを考え合わせると，卒業に先立つ雇傭契約にあっては，別異に解すべき特段の事情のない限り，就労時期到来まで契約の確定的効力発生を停止する旨の黙示的合意が含まれているものと解するのが相当である。したがつて，就労始期（契約の最終的効力発生時期）到来までの契約当事者の法律的地位は，被傭者の学校卒業という条件成就を経て段階的により強固になってゆくものと考えられるが，なお一種の条件付権利（学校を卒業しかつ解約事由が発生することなく就労期が到来した暁には，被傭者としては従業員として処遇されることを，雇傭者としては被傭者に従業員として就労してもらえることをそれぞれ期待しうる法的地位）にとどまるものといわなければならない。

……思うに，確定的効力発生までの各当事者の相手方に対する権利はいまだ一種の条件付権利ないし期待権だといっても，それは契約成立に伴って発生する法的な権利であるから，雇傭者が正当な理由もなく相手方の利益を害することは許されないし（民法 128 条参照），一般的に言えば，雇傭者が自己の期待権を防護するため被傭者から入社承諾書（あるいは誓約書）を徴するなどして他へ就職する機会を強く規制したような場合は，その反面として，被傭者の地位は具体的に使用従属関係にある労働者の地位に準じてそれだけ強く保護されるべきであろう。しかしながら，……条件付契約の締結も法律行為である以上，各当事者は法律行為に関する一般法理に従って取消又は無効の主張ができるのはもとより，黙示的に契約の内容となっている事情変更を理由とする解約を主張できるほか，雇傭者たる当事者は，契約締結当時すなわち採用決定（内定）当時判明していたら採用しなかったであろうと認められる事由（従業員たる適格性の評価にかかわる事由）が，事後に判明したことを理由とする解除も許されるものと言わなければならない。尤も最後の場合については，当該事由の存否の判断において雇傭者に重大な過失があって知りうべくして知らなかったときは，もはや解除を主張することは許されないと解すべきである（民法 95 条の準用）。」

労働契約締結過程　33

第4章　労働契約の成立

【判例40】
森尾電機事件・東京地判昭和45・11・30労民集21巻6号1550頁

[判旨]「原告の前記従業員採用試験の受験は、被告会社の提示した賃金・労働時間等に関する労働条件に従う労働契約締結の意思表示として被告会社に対する労働契約の申込であることは明らかである。被告会社が原告に発した『採用決定のお知らせ』は、その記載内容からして直ちに原告主張の如く原告の右申込に対する承諾の意思表示と認めることはできないが、被告会社は原告に対し採用試験の上、『採用決定のお知らせ』を発し、その後、原告が被告会社の求めに応じて所定の手続に従い昭和42年2月2日頃誓約書および身元保証書を被告会社に提出し、被告会社において異議なくこれを受領したことにより、被告会社の従業員の雇入れに関する就業規則所定の手続は殆んど完了していること、被告会社の新規学卒者の採用に当つては、従来から前記のような手続が採られるだけであつて、その後に改めて契約書の作成もしくは採用辞令の交付などの手続が採られた慣例はないばかりか、就業規則上にもそのような手続の定がないこと、およびその後被告会社が原告の足立工高卒業直後から原告を実習生として被告会社の作業に従事せしめていることなどの事実に鑑みれば、被告会社が原告に対し誓約書および身元保証書の提出を求め、これを受領したことをもつて、前示原告の申込に対する黙示の承諾の意思表示をなしたものと認めるのが相当である。したがつて、昭和42年2月2日頃原、被告間に労働契約が成立したものというべきである。ただ、前記誓約書の内容および右誓約書提出当時原告がいまだ足立工高3年在学中であつた事実に照らせば、右労働契約は原告が同年3月に足立工高を卒業できないことを解除条件とするものと解すべきところ、原告が同年3月11日足立工高を卒業したことは、前示のとおりである。」「そうすると、被告会社が昭和42年3月25日原告に対してなした前示採用内定取消の通知は、原、被告間の前記労働契約を終了させる解雇の意思表示であると解すべきであるから、原告に対する解雇事由の存否につき判断する。」

【判例41】
森尾電機事件・東京高判昭和47・3・31労民集23巻2号149頁
（前掲判例40の控訴審判決）

[判旨]「控訴人から被控訴人にあてられた「採用決定のお知らせ」（乙第四号証）が右申込に対する承諾であつて、本件のような経過をたどつた場合は、これによつて被控訴人が学校を卒業できないときは、被控訴人において解約し得ることとした労働契約の成立があったものと解すべきであり……、昭和42年1月20日に成立したものというべきである。すなわち、この日に控訴人の雇傭する意思と被控訴人の就労する意思との合致があつて、契約が成立したものである。本件においては、一般的、抽象的に被控訴人が仮に4月1日の入社式に出席しなかつたことを考える必要は全くない。また右乙第四号証の記載内容は必ずしも契約承諾の意思表示に適しない表現ということもできないし、その『入社手続等の日時』も追って通知すると記載しながら、その通知がなされた証拠もないので、前認定を左右するものでもなく、また前示乙第3号証の記載内容に卒業したならば正式採用に応ずる旨のあることも、約定解約権の留保と解しうるので、前認定を妨げるものではない。

第1節　採用内定

……してみると，控訴人が被控訴人に対し昭和42年3月25日にした前示採用取消通知は，右労働契約を終了させる解雇の意思表示と解すべきである。」

> 【判例42】
> 日立製作所事件・横浜地判昭和49・6・19労民集25巻3号277頁

(判旨)「昭和45年9月17日，被告が原告に対し，原告が本籍，氏名等を詐称したことを理由にその採用（被告の主張によれば採用内定）を取消す旨伝えたことは当事者間に争いがないが，それより以前の同月2日をもつて原告・被告間に労働契約が成立していることは前説示のとおりである。前記一の1項に認定の事実に原告本人尋問の結果および前掲乙第2号証の2を併せ考えると，原告が試験当日記載し被告に提出した身上調書には，その末尾に「この調書に私が記載しました事項はすべて真実であり，偽り，誤り，重要な事項の記入漏れがありません。もし，偽り，誤り，重要な事項の記入漏れがありました場合は採用取消解雇の処置を受けても異議を申し立てません。」旨明記されており，原告も右記載を承知で必要事項を記載し署名捺印したことが認められるので，これによれば，原告が被告に提出する身上調書等の書類に，労働力の評価基準であるべき諸般の事項につき被告企業に正当な認識を与えるよう真実を記載することを約し，もし右に反し虚偽の記載をし，真実を秘匿してこれを詐称したような場合は，後日これが判明したとき，被告においてこれを原因として原告との労働契約を解約しうる旨の合意があつたものと推認できる。そうすると，原・被告間の前記労働契約には右のような解約権が留保されていたもので，被告が前記採用（内定）取消の意思表示としているのは，右留保解約権の行使としての意思表示を主張しているものと，解すべきである。」

> 【判例43】
> 大日本印刷事件・大阪高判昭和51・10・4労民集27巻5号531頁

(判旨)「以上に摘示・認定した事実に，終身雇用制度の下におけるわが国の労働契約とくに大学新卒業者と大企業とのそれにみられる公知の強い附合（附従）契約性を合わせ考えれば，前記経過の下に前記形態で採用内定が行われた本件においては，控訴人会社からの募集（申込の誘引）に対し，被控訴人が応募したのが労働契約の申込みであり，これに対する控訴人会社よりの採用内定の通知は右申込みに対する承諾であって，これにより（もつとも，右承諾は，通知書に同封して来た誓約書を指定期日までに控訴人会社に送ることを停止条件としていたものとみるのが相当であるが，被控訴人は右誓約書を指定どおりに送付したので，これにより）控訴人と被控訴人との間に，前記誓約書における5項目の採用内定取消理由に基く解約権を控訴人会社が就労開始時まで留保し，就労の始期を被控訴人の昭和44年大学卒業直後とする労働契約が成立したと解するのが相当である。」

> 【判例44】
> 大日本印刷事件・最2小判昭和54・7・20民集33巻5号582頁
> （前掲判例37，判例43の上告審判決）

(判旨)「本件採用内定通知のほかには労働契約締結のための特段の意思表示をすることが予定されていなかつたことを考慮するとき，上告人からの募集（申込みの誘引）に対し，被上告人が応募したのは，

労働契約締結過程

労働契約の申込みであり，これに対する上告人からの採用内定通知は，右申込みに対する承諾であつて，被上告人の本件誓約書の提出とあいまつて，これにより，被上告人と上告人との間に，被上告人の就労の始期を昭和44年大学卒業直後とし，それまでの間，本件誓約書記載の五項目の採用内定取消事由に基づく解約権を留保した労働契約が成立したと解するのを相当とした原審の判断は正当であつて，原判決に所論の違法はない。論旨は，採用することができない。……本件採用内定によつて，前記のように被上告人と上告人との間に解約権留保付労働契約が成立したものと解するとき，上告人が昭和44年2月12日被上告人に対してした前記採用内定取消の通知は，右解約権に基づく解約申入れとみるべきであるところ，右解約の事由が，社会通念上相当として是認することができるものであるかどうかが吟味されなければならない。」

2 就労始期付と効力始期付

　最高裁の**判例44**は，内定を解約権留保付労働契約でかつ就労始期付と捉えたのであるが，最高裁は，その後の判例（**判例45**）において，効力始期付と解した。就労始期付か効力始期付かは，労働者が付随義務や入社前研修参加義務を負うか等についての違いを生ぜしめる。その後の判例の中には就労始期付とする例（**判例46**）もあるが，最近の判例は，むしろ，始期付解約権留保付とするにとどめ，就労始期付か効力始期付かを明示しない例（**判例47**，**判例48**，**判例49**，**判例50**）や効力始期付であることを明示する例（**判例51**，**判例52**，**判例53**）が多くなっている。これは，裁判所がその具体的争いの解決に必要な限りにおいて，かつ，具体的な事実関係に則した理論構成を行っていることを示しているとみることができる。そして，これは，また，後述するように，採用内定法理が新卒定期採用ではない中途採用者にも適用されてきたことによるところも大きいと思われる。ちなみに**判例46**～**判例51**は，いずれも，中途採用者の事案である。なお，この点に関して，新卒予定採用内定取消しに関する**判例52**は，効力始期付解約権留保付労働契約と捉えて，入社前の研修参加の義務は別途なされた合意に根拠を求めたうえ，「一旦参加に同意した内定者が，学業への支障などといった合理的な理由に基づき，入社日前の研修等への参加を取りやめる旨申し出たときは，これを免除すべき信義則上の義務を負っていると解するのが相当である」としつつ，「本件内定が就労始期付であるとしても，入社日前に就労義務がない以上，同様と解される。」としていることが注目される。また，同様に新卒予定者採用内定に関する**判例53**は，効力始期付と解して，内定者のプレゼンテーションは，会社の業務命令によって実施されるものではなく，会社が内定辞退を強要する行為に及ぶことは許されないのであって，そのような行為に及ばないようにする信義則上の配慮義務があるとしながらも，担当課長の叱咤激励に属するような穏当なものではないが，配慮義務違反はなかったとした。内定者がまだ学生で

第1節　採用内定

あって社会経験もなく、立場の弱い内定者に過ぎないことを十分に考慮に入れる必要があるのではないかということや、会社側が、リプレゼン研修という形で試用期間を先取りすることをどう考えるかという問題がある。

【判例45】
電電公社近畿電通局事件・最2小判昭和55・5・30民集34巻3号464頁

判旨　「被上告人から上告人に交付された本件採用通知には、採用の日、配置先、採用職種及び身分を具体的に明示しており、右採用通知のほかには労働契約締結のための特段の意思表示をすることが予定されていなかつたと解することができるから、上告人が被上告人からの社員公募に応募したのは、労働契約の申込みであり、これに対する被上告人からの右採用通知は、右申込みに対する承諾であつて、これにより、上告人と被上告人との間に、いわゆる採用内定の一態様として、労働契約の効力発生の始期を右採用通知に明示された昭和45年4月1日とする労働契約が成立したと解するのが相当である。もつとも、前記の事実関係によれば、被上告人は上告人に対し辞令書を交付することを予定していたが、辞令書の交付はその段階で採用を決定する手続ではなく、見習社員としての身分を付与したことを明確にするにとどまるものと解すべきである。そして、右労働契約においては、上告人が再度の健康診断で異常があつた場合又は誓約書等を所定の期日までに提出しない場合には採用を取消しうるものとしているが、被上告人による解約権の留保は右の場合に限られるものではなく、被上告人において採用内定当時知ることができず、また知ることが期待できないような事実であつて、これを理由として採用内定を取り消すことが解約権留保の趣旨、目的に照らして客観的に合理的と認められ社会通念上相当として是認することができる場合をも含むと解するのが相当であり、本件採用取消の通知は、右解約権に基づく解約申入れとみるべきである。」

【判例46】
インフォミックス事件・東京地決平成9・10・31労判726号37頁

判旨　「債務者は債権者に対し、所属、職能資格等級、給与条件、入社希望日等を記載した採用条件提示書を送付し、債権者が債務者の了解を得て入社日を当初の平成9年4月1日から同月20（ママ）日に変更したうえで入社承諾書を送付したこと、入社承諾書には「会社の事前の許可なくして、入社日を変更することはありません。」、「入社承諾書提出後は、正当な理由がない場合は、入社を拒否しません。」と記載されていること、債務者は債権者に対し、入社承諾書を受諾した旨伝えるとともに、「入社手続きのご案内」と題する書面を送付し、これ以外に労働契約締結のための手続等は予定しないこと、その後、債権者の退職時期の関係で債務者の了解を得て入社日が同年5月1日と変更され、さらに同日がゴールデン・ウィーク期間中で債務者が休みであったことから、入社日が同月6日に変更されたこと、以上の事実が疎明される。これらの事実によれば、本件採用内定は、就労開始の始期の定めのある解約留保権付労働契約であると解するのが相当である。」

労働契約締結過程　37

【判例47】
オプトエレクトロニクス事件・東京地判平成16・6・23労判877号13頁

判旨　「採用内定を一旦留保し、調査、再面接後、再度、本件採用内定をした経過に照らすと、本件採用内定取消しが適法になるためには、原告の能力、性格、識見等に問題があることについて、採用内定後新たな事実が見つかったこと、当該事実は確実な証拠に基づく等の事由が存在する必要があると解するのが相当である。これを本件についてみるに、……乙山社長は、平成15年7月3日、再面接の際、原告に対し採用する旨通知した後、新規開拓部の責任者であるMから原告の受け入れを拒否されたこと、かつてA社に勤務しその後被告に勤務した経験のあるOから原告の悪い噂を聞いたことが原因で、本件採用内定を取消したこと、これらの原告についての悪い噂は、乙山社長が原告を再面接する前の噂と同じものであり、新たな事実ではないこと、Oは原告と同一の部署で働いた経験はなく直接原告の人となりを知らないことが認められる。そうだとすると、Mの受け入れ拒否、Oからの情報に依拠して、本件採用内定を取り消すことには、正当な理由、換言すれば、客観的に合理的と認められ社会通念上相当として是認できる事由があるとはいえないというべきである。……また、そもそも、被告が本件採用内定取消しの事由とする原告の悪い噂には、……当該噂が事実であると認めるに足りる証拠が存在しないというべきであり、被告の本件採用内定取消しは、この点からも理由がないというべきである。」

【判例48】
プロトコーポレーション事件・東京地判平成15・6・30労経速1842号13頁

判旨　「被告は、担当する情報誌の種類が限定されるかのような社員募集広告をして、海外旅行に関する職業上の経験や旅行業務に関する資格を有し、海外旅行に関する業務に従事するため転職を希望する原告をして応募させ、面接を通じて当然「Vee Travel」の広告に関する企画営業業務に従事できるものと信頼させ、しかも早期に就職するよう促して、業績悪化から国内旅行担当とされたとはいえ、大手旅行代理店で原告の希望する業務に近く、将来希望する業務を担当する可能性もあると解される東急観光を退職させたこと、このような経過は被告において認識していたことが認められる。

　心の対象が旅行関係であることからみて海外旅行情報誌であれば十分に能力が発揮できる可能性が大きいのに対し、学校関係や広告関係に特段職務上の経験を有しない原告にとってスクール情報誌ではその可能性は小さく、原告に入社当初からスクール情報誌に関する業務を命ずることは酷であること、後記(2)のとおり本件内定取消には何ら合理性がないことも考慮すると、本件内定取消は、社会的相当性を逸脱した違法な行為であって、原告に対する不法行為を構成するというべきである。なお、被告は、このような違法な採用内定取消であることを認識していたと推測されるが、少なくとも認識を欠いたことに重大な過失があることは明らかである。」

第 1 節　採 用 内 定

【判例 49】
インターネット総合研究所事件・東京地判平成 20・6・27 労判 971 号 46 頁（前掲判例 34 と同一の判例）

(判旨)「A（代表取締役・所長）は，原告に対してインターネットを通じて証券会社が展開できるビジネスの可能性を問い，被告会社においてこれを立ち上げたいので原告にぜひ来て欲しいと持ちかけ，その後 A あるいは S（取締役・最高財務責任者）と原告との間で事業の形態，雇用の問題等について話し合いを重ねる中で，原告の雇用条件を詰めるために 4 月 3 日の会合が開かれるに至り，同日の会合において原告から希望する年俸額として 1500 万円プラスアルファを提示され，A が概ねこれを了承し，被告会社における勤務開始日についても 8 月 1 日と合意したこと，その後も被告会社内部においてここでの発言を前提にことを進めたことが認められるのであって，代表取締役からここまで具体的な話があった以上，これを内定すなわち始期付解約権留保付雇用契約の締結と認めて妨げないというべきである。」

【判例 50】
World LSK 事件・東京地判平成 24・7・30 労経速 2154 号 24 頁

(事実)　原告は，A 社の企画課長として月額給与 35 万余円を得ていたが，7 月上旬，被告の従業員 C の紹介により，被告との間で，給与月額 50 万円，試用期間 3 か月という条件で被告が原告を雇用する旨の話が進み，原告は，C からの連絡を受け，7 月 19 日，東京に出向いて，被告の代表取締役（B 社長）と面談した。その際，原告は，B 社長から「是非すぐに来ていただきたい，待遇は，試用期間中は執行役員待遇，その後役員としてやっていただきたい。」等と言われ，これに対し，「8 月いっぱいは動きがとれないので，平成 23 年 9 月 1 日から WLSK（被告）でお世話になります。今の会社へ早急に退職の意思表示をします。」と回答し，B 社長はこれを了承した。原告は，7 月 20 日，当時の勤務先である A 社に対し，8 月 31 日に退職する意思を伝え，B 社長に対してもその旨の連絡をした。そして，7 月 29 日付けで A 社に対して退職届を提出し受理された。原告は，その後，C と連絡を取りつつ雇用契約書案を作成し，被告と同契約書作成の打ち合わせをすることになった。そして，8 月 8 日，被告事務所で約 1 時間，B 社長及び C と面談した。……原告は，上記話し合いの結果，仙台から単身赴任することになった。そして，妻子が引き続き居住することになる仙台市内の借家（A 社が社宅として賃借していた物件，以下「本件借家」という。）の賃借人名義を被告に変更して被告がその家賃の 50% を負担することになったため，8 月 17 日，その手続の電話連絡を不動産会社と B 社長に行った。その際，B 社長は，「了解した。」と述べた。しかし，その後，B 社長は，原告との面談を断り，9 月 2 日に解雇の通知をした。

(判旨)「前記認定事実によれば，B 社長は，8 月 8 日には具体的に確定した雇用条件で原告を採用する旨の意思表示をしており，同時点で本件労働契約が成立したと認めるのが相当である。……前記認定事実によれば，本件において，被告は，本件労働契約が成立しているにもかかわらず，原告に対し，原告の就業開始日の翌日である 9 月 2 日に突然，採用を取り消す旨の意思表示をし，また，その点について何ら合理性のある理由を説明していないから，原告に対し，違法な採用内定の取消しを行ったというべきであり，これと相当因果関係を有する損害の賠償

第4章　労働契約の成立

責任を負う。」

【判例51】
パソナ（ヨドバシカメラ）事件・平成16・6・9大阪地判労判878号20頁（前掲判例35と同一の判例）

判旨　「原告の採用が内定したと考えられる本件研修の後、本件業務委託契約が不成立となることが確定し、限定されていた就業場所・職種での原告の就労が不能となった以上、留保解約権に基づき、原告の採用内定を取消したことは、解約権留保の趣旨・目的に照らして社会通念上相当として是認することができるから、被告パソナによる解約権の行使は適法かつ有効であるといわなければならない。」

【判例52】
宣伝会議事件・東京地判平成17・1・28労判890号5頁

判旨　「本件内定は、同年4月1日という確定日を入社日とする新卒採用であって、原告は、当時、A大学大学院博士課程に在籍し、入社までに論文審査を終えることが採用条件とされていたものである……。他方、原告は、本件内定通知の際、Dから入社前研修についての説明を受けて、参加することに同意し……、直前研修への参加についても黙示的に同意したと解される。……ところで、一般に、入社日前の研修等は、入社後における本来の職務遂行のための準備として行われるもので、入社後の新入社員教育の部分的前倒しにほかならないと解されるが、本件研修もこれと異なるところはないというべきである……。……他方、新卒採用に係る内定者の内定段階における生活の本拠は、学生生活にあるのであり、原告も同様であるが、更に原告については、単に大学院の博士課程を卒業するにとどまらず、論文審査を終了させることが求められていたものである。……そして、効力始期付の内定では、使用者が、内定者に対して、本来は入社後に業務として行われるべき入社日前の研修等を業務命令として命ずる根拠はないというべきであり、……飽くまで使用者からの要請に対する内定者の任意の同意に基づいて実施されるものといわざるを得ない。……また、使用者は、内定者の生活の本拠が、学生生活等労働関係以外の場所に存している以上、これを尊重し、本来入社以後に行われるべき研修等によって学業等を阻害してはならないというべきであり、入社日前の研修等について同意しなかった内定者に対して、内定取消しはもちろん、不利益な取扱いをすることは許されず、また、一旦参加に同意した内定者が、学業への支障などといった合理的な理由に基づき、入社日前の研修等への参加を取りやめる旨申し出たときは、これを免除すべき信義則上の義務を負っていると解するのが相当である。……以上を総合すると、本件内定は、入社日において労働契約の効力が発生する効力始期付のものであって、……原被告間に本件研修参加に係る合意が成立したが、当該合意には、原告が、本件研修と研究の両立が困難となった場合には研究を優先させ、本件研修への参加をやめることができるとの留保が付されていたと解するのが相当である。なお、このことは、本件内定が就労始期付であるとしても、入社日前に就労義務がない以上、同様と解される。」

【判例53】
アイガー事件・東京地判平成24・12・28労経速2175号3頁

第1節　採用内定

判旨　入社日は「効力発生の始期を定めたものと解するのが相当であって，そのように解した場合，本件各プレゼン研修は，被告会社の業務命令に基づき実施されるのではなく，新規内定者の任意の同意に基づき実施される性質のものであって，参加内定者の予期に著しく反するような不利益を伴うものであってはならない。そうだとすると，本件各プレゼン研修においても，Y社は，Xが行ったプレゼンテーションの実演内容が不出来で，一定のレベルに達しないものであったとしても，そのことを理由として本件内定を（明示又は黙示に）取消す旨の意思表示をしたり，当該内定辞退を強要する行為に及ぶことは許されず，Y社は，本件各プレゼン研修に当たって，そのような各行為に及ばぬよう配慮すべき信義則上の義務を負っているものと解され，かかる注意義務に著しく違反する信義則上の義務を負っているものと解され，かかる注意義務に著しく違反する場合には，不法行為に基づく損害賠償責任を免れない」。他方，C課長の言動は叱咤激励に属するような穏当なものでなかったことなどからすると，本件Xの内定辞退の申し入れは，信義則上の義務に著しく違反するものとはいえないとして，Y社の反訴を棄却した。

3　その他の構成

なお，最高裁が**判例44**で解約権留保付労働契約としたのは，その事件の具体的事情に合わせたものとしているのであるから，事案によっては，それ以外の理論構成も否定されないものの，実際には，ほとんどの判例が**判例44**で採用された理論構成に従っている。ただ，判例の中には，極例外的に，大学の専任手続中の者に関して，停止条件付の採用予定契約という法的性格付けをした例（**判例54**）がある。なお，公務員の採用内定通知については，最高裁自体が，「単に採用発令の手続を支障なく行うための準備手続としてされる事実上の行為」にすぎないとして，民間企業の採用内定と異なることを明らかにしている（**判例55**）。同事件では，一審，二審の段階において，法律によらず行政行為に付款を付することができるのか等が議論されていた。

【判例54】
帝京科学大学事件・甲府地判平成9・3・28労経速1636号12頁

判旨　「原告と被告大学との間には，昭和63年3月ころ，文部省の設立認可がおりて被告大学が設立されること，原告がその経歴，業績等から被告大学の専任教員に相応しいものと文部省から認められ，かつ，原告がNHKを退職すること，原告が被告大学の教授としての就業規則等の所定の勤務条件を承諾することを各停止条件とし，原告の就任の時期を平成2年4月1日とする始期付きの教員採用予定契約が締結されたものと認められる。

しかしその後の右始期に至るまでの期間において，原告の言動，なかんずく私立大学としての被告大学の運営ないし教育カリキュラムの編成等に対する正当な理由に基かない非協力な態度，及同僚となるべき教員との融和を欠く態度，被告大学当局に対する給与関係事項及び設備等についての非常識な要求の固執等が存したことから，被告大学が当初知ることができなかった原告が被告大学の専任

教員（教授）としての不適格性が明らかになったことを理由として，前記教員採用予定契約を撤回したものと認めることができ，被告大学の右措置は，已むを得ないものであったと判断される。

従って，これが被告大学の人事権の濫用に当たるものであるとは判断しえないし，前記判示のその経過において被告大学が原告に対する名誉毀損を含む何らかの不法行為が存したことも認められない。」

【判例 55】
東京都建設局事件・最1小判昭和 57・5・27 労判 388 号 11 頁

判旨　「本件採用内定の通知は，単に採用発令の手続を支障なく行うための準備手続としてされる事実上の行為にすぎず，被上告人東京都と上告人との間で，上告人を東京都職員（地方公務員）として採用し，東京都職員としての地位を取得させることを目的とする確定的な意思表示ないしは始期付又は条件付採用行為と目すべきものではなく，したがつて，右採用内定通知によつては，上告人が，直ちに又は昭和 46 年 4 月 1 日から被上告人東京都の職員たる地位を取得するものではなく，また，被上告人東京都知事において上告人を職員として採用すべき法律上の義務を負うものでもないと解するのが相当である。

そうすると，被上告人東京都において正当な理由がなく右採用内定を取消しても，これによって，右内定通知を信頼し，東京都職員として採用されることを期待して他の就職の機会を放棄するなど，東京都に就職するための準備を行つた者に対し損害賠償の責任を負うことがあるのは格別，右採用内定の取消し自体は，採用内定を受けた者の法律上の地位ないし権利関係に影響を及ぼすものではないから，行政事件訴訟法 3 条 2 項にいう「行政庁の処分その他公権力の行使に当たる行為」に該当するものということができず，右採用内定者においてその取消しを訴求することはできないというべきである。」

4　中途採用の場合

上記のように，採用内定は，新卒者のとの関係で法的性格付けが考えられてきたものであるが，1997 年以降の判例の中には，中途採用の場合にも，採用内定の法理を用いるものが多くなってきた（前掲**判例 46**，前掲**判例 47**，前掲**判例 48**，前掲**判例 49**，前掲**判例 50**）。この場合，契約の成立時期と入社の効力発生ないし履行時期のズレがあるだけであるから，採用内定の法理の意義を通常の解雇よりも広い解約権を認めるものであるとすると問題であると思われる。なお，前掲**判例 50** は，契約時に決まった就労開始日の翌日に内定取消しを行っており，これを採用内定取消しの問題とすることは妥当といえないと思われる。

5　内定取消しの有効性の判断

採用内定を解約権留保付労働契約の成立とみる場合，内定取消しはその使用者に留保された解約権の行使と理解されるが，この権利行使は労働契約の一方的解約に他ならな

第1節 採用内定

いから，その実質は解雇権の行使ということになる。ただ，最高裁は，採用内定の取消事由は，「採用内定時知ることができず，また知ることが期待できないような事実であって」，取り消しを行うのは，その取消事由を理由として「解約権留保の趣旨，目的に照らして客観的に合理的と認められ社会通念上相当として是認することができるものに限られ」，従業員として不適格と思いながら採用内定し，それを打ち消す材料が出なかったので採用を取り消すのは留保解約権の濫用になる。それゆえ，本件内定取消しは，「本件誓約書記載の五項目の採用内定取消事由」の一つである「その他の事由によって入社後の勤務に不適当と認められたとき」に当たるとはいえないとした（**判例56**）。しかし，後にみる試用期間とは異なり，採用内定について，「採用内定時知ることができず，また知ることが期待できないような事実」とは何を意味するかは問題とされている。これを「適切な判定資料を十分に蒐集することができないため」というのでは，企業が優秀な人材確保のために自ら早期採用決定をしながら危険負担は免れるという都合の良い立場に置くことになるとする学説も強い。他方，取消しが問題となった事案の多くが，通常の解雇事由類似の事由によって行われており，結局のところ，諸般の事情を検討して，採用内定状態にある者を解雇するのが「解約権留保の趣旨，目的に照らして社会通念上相当として是認することができるか」という基準で濫用性を判断するしかないと思われる。

【判例56】
大日本印刷事件・最2小判昭和54・7・20民集33巻5号582頁
（前掲判例44と同一判例）

判旨　「採用内定の取消事由は，採用内定当時知ることができず，また知ることが期待できないような事実であつて，これを理由として採用内定を取消すことが解約権留保の趣旨，目的に照らして客観的に合理的と認められ社会通念上相当として是認することができるものに限られると解するのが相当である。これを本件についてみると，原審の適法に確定した事実関係によれば，本件採用内定取消事由の中心をなすものは「被上告人はグルーミーな印象なので当初から不適格と思われたが，それを打ち消す材料が出るかも知れないので採用内定としておいたところ，そのような材料が出なかつた。」というのであるが，グルーミーな印象であることは当初からわかつていたことであるから，上告人としてはその段階で調査を尽くせば，従業員としての適格性の有無を判断することができたのに，不適格と思いながら採用を内定し，その後右不適格性を打ち消す材料が出なかつたので内定を取り消すということは，解約権留保の趣旨，目的に照らして社会通念上相当として是認することができず，解約権の濫用というべきであ」る。

6　内定取消しの無効・有効の具体例

以下では，最高裁の**判例43**以降において採用内定取消しの効力又は取消しの不法行

為性が争われた事件における取消事由を分類する。具体的事例は少ないが，多くの場合，留保解約事由が明示されていないこともあって，留保解約権行使と通常の解雇権行使との区別が曖昧であり，その結果，濫用性判断が通常の解雇の場合とどのように異なるのかが明らかにされていない。

(1) 適格性欠如

採用内定後，大阪市公安条例等違反の現行犯として逮捕される，起訴猶予処分を受ける違法行為をしたことに基づき見習社員としての適格性が欠如するとしてなされた採用取り消しが有効とされた（前掲判例55）。大学専任講師採用予定の者について，非協力，融和を欠く態度，非常識な要求など，大学が当初知ることができなかった不適格性を理由とする採用の撤回が有効とされた（前掲判例54）。元従業員から生じた内定者の以前の勤務先での勤務態度，勤怠，空売り問題などの悪い噂を理由とする内定取消しが，当該噂が真実であると認めるに足りる証拠がないとして，取消しが濫用とされた（前掲判例47）。

(2) 入社前研修不参加

前掲判例52では，入社前研修に参加しなかったことを理由とする内定取消しが，中途採用試験の再度受験という不利益を背景として，かつ，原告の論文審査終了という自律的決定事項に干渉しつつ，直前研修に参加することを求めるのは，公序良俗に反し違法であるから，これに対する原告の同意は無効であり，直前研修に参加すべき義務はないから，内定取消しは無効であるとされた。

(3) 経営上の都合

経営悪化による勤務予定の事業部門の廃止を発端とする職務変更命令違反及び整理解雇的理由付けによる内定取消しがいずれも無効とされた（前掲判例46）。内定時に予定されていた場所及び職種での原告の就労が不能になったことによる内定取消しが有効とされた（前掲判例51）。

7 救済としての損害賠償の内容

従来，内定取消しの救済を求める原告は，地位確認請求に加えて，慰謝料等を請求するのが一般的であったが（例えば，前掲判例38），最近では，もっぱら損害賠償を求める例も多くなっている。これは，原告が転職者や派遣労働者であることや新卒者であっても当該使用者の下で就労する意思を喪失する場合が多いからと思われる。そこで，損害賠償内容が問題となるが，慰謝料，弁護士費用のみを認める例（前掲判例47，前掲判例48）もあるが，それに加え，逸失利益を認める例（前掲判例50，前掲判例52）もある。

8　労働者の内定辞退

最近では，内定辞退の強要の不法行為該当性とともに，内定辞退の債務不履行又は不法行為の成否が争われるという判例（**判例57**）も生じており，内定に関する訴訟が多様化しつつあることが注目される。実際には，入社直前の内定辞退のみならず何も連絡せずに入社日に出勤しないケースが相当あると思われるが，判例で取り扱われた例はほとんどなかった。これは，使用者としては，訴えても得るところが少ないからであろう。実際，**判例57**は，内定者の退職強要に対する損害賠償請求（前掲**判例53**）に対する使用者側の反訴としての損害賠償請求に対する判示部分である。

> 【判例57】
> アイガー事件・東京地判平成24・12・28労経速2175号3頁（前掲判例53と同一判例，正確には後者が反訴，後者が本訴に対する判示）

判旨　「入社日までに上記条件成就を不可能ないし著しく困難にする事情が発生した場合に，原告は，信義則上少なくとも，被告社に対し，その旨を速やかに報告し，然るべき措置を講ずる義務を負っているものと解されるが，ただ，その一方で，労働者たる原告には原則として『いつでも』本件労働契約を解約し得る地位が保障されているのであるから（民法627条1項），本件内定辞退の申入れが債務不履行又は不法行為を構成するには，上記信義則違反の程度が一定のレベルに達していることが必要であって，本件内定辞退の申入れが，著しく上記信義則上の義務に違反する態様で行われた場合に限り，原告は，債務不履行又は不法行為に基づく損害賠償責任を負うものと解するのが相当である。」本件では，原告は，本件就職留年手続を申請し，それが受理されたのに，遅くとも3月8日までにすることになっていた電話連絡をしなかったばかりか，会社の最後通告とも解し得る同月29日のファックスの翌々日本件内定辞退を申し入れたのは，信義則上の義務に違反しその程度も大きいものといえなくもないが，「Xに本件就職留年手続の選択を余儀なくされた理由の一つとして，本件第3回プレゼン研修におけるC課長の一連の発言が関係していることは否定し難く」，同発言内容は，「Xが主張するような本件内定辞退の強要には当たらないものと考えられるが，一方でY社の主張するような叱咤激励に属するような穏当なものであったとは到底いい難」いことなどからすると，本件内定辞退の申し入れは，信義則上の義務に「著しく違反する態様で行われたものであるとまではいい難く，Xはこの点に関し，債務不履行又は不法行為に基づく損害賠償責任を負うものではない。」

第2節　身元保証契約

労働者の採用に際して，使用者が労働者に対し身元保証人を立てるよう要求すること

が多い。そこで，使用者と身元保証人の間に身元保証契約が締結されるが，この場合，身元保証関係の成立，保証人が当該労働者について責任を負う範囲，身元保証契約の終了等が問題となる。しかし，身元保証契約は，労働契約の締結に不可欠なものではないから，本節では，特に重要な判決のみ紹介する。

1 身元保証契約の成立

身元保証契約は，「引受，保証其ノ他名称ノ如何ヲ問ハズ期間ヲ定メズシテ被用者ノ行為ニ因リ使用者ノ受ケタル損害ヲ賠償スルコトヲ約スル」（身元保証法1条）ものであるが，使用者・被用者の関係は，必ずしも雇用契約が存する場合に限定されず，永続的な従属関係が存する場合でもよいとされる（判例58）。身元保証契約の方式については，不要式契約ではあるが，百貨店のように近代的企業の場合には，保証人から保証書を徴するのが通例であるとされ（判例59），飲食店の場合にも，保証する旨の口頭の表現では足りないとした例がある（判例60）。なお，身元保証人に法人がなることも許されるとされる（判例61）。

【判例58】
　ポーラ化粧品本舗事件・福岡高判昭和39・11・18高民集17巻7号503頁

（判旨）「いわゆる身元保証契約が成立するためには，その債権者と身元本人（主たる債務者）との間に身元保証に関する法律第1条にいう使用者，被用者の関係が存在することを必要とするが，使用者の担保要求と身元保証人の責任範囲限定の必要とを合理的に調和せんとする同法の立法趣旨及び右使用者，被用者の用語（右用語は民法第715条と同じである）等に鑑みると，右使用者，被用者の関係が存在するといえるのは，必ずしも債権者と身元本人との間に雇傭又は労働契約が成立している場合に限定されるものではなく，その間に永続的な従属関係——債権者の指揮監督の下に，身元本人が有償で労務を給付する従属関係——が実質的に存在することが認められるときは，たとえ両者の関係が外形には対等当事者間の委託販売契約という形式により結ばれるものであつても，その間に右使用者，被用者の関係が存在するものと解するのを相当とする。」

【判例59】
　小林百貨店事件・東京高判昭和34・3・30判時189号14頁

（判旨）「百貨店というような近代的企業の経営者がその被用者について身元保証人を付けさせる場合には，保証人から保証書を徴するのが一般の事例であり，そのことはほとんど公知の事実であるといえるが，当審証人A，原審証人Bの各証言によると，被控訴人は猛の入社若しくは前記20万円の弁償に当り控訴人から保証書を徴しなかつたことが明瞭であるからである。そして，他に控訴人が被控訴人主張のような身元保証をしたことを肯定すべき証拠はない。もつとも，身元保証は当事者の合意だけで成立する不要式の行為であるとゝもに，被用者の横領に

第 2 節　身元保証契約

よる使用者の損害について第三者が 20 万円もの大金の弁償をするについてはそれ相当の原因があるべきであり，一般的にいつて身元保証人がその原因である場合が多いことはこれを推測するに難くないから，控訴人は前記 20 万円の弁償以前か，少くともその弁償のときに C の身元保証をしたのではあるまいかとの疑が起らないでもないが，当審及び原審における証人 D, 控訴人本人の各供述と原審における証人 E の証言とを総合すると，控訴人が 20 万円の弁償をしたのは，被控訴人から控訴人に対しその弁償の要求があり，これに応じなければ C を解雇すると言明されたので，同人一家親子 5 人の生活の前途を案じひたすら猛が解雇されないことを念じ，たゞそのために弁償したのであつて，決して，控訴人が C の入社に当りその身元保証をしていたことによるものでもなければ，右弁償とともに身元保証契約ができたゝめでもなかつたことが認められるから，右 20 万円弁償の事実は，被控訴人主張のような身元保証契約のできたことを証明するに足るものではない。」

【判例 60】
飲食店「クラブ 88」事件・東京地判昭和 40・12・23 判時 437 号 50 頁

判旨　「被告は原告に対し，A が間違いのない信用のできる人物であるから，自分の給料を減らしてもよいから，同人を採用して貰いたいといって，同人を原告に紹介したものであることが認められ，原告および被告各本人の供述によれば，その際被告は A のことを保証するというような表現を使ったであろうと推認できるが，身元保証人となる場合は，身元保証書とか身元引受書などと題する独立の証書もしくは身元本人の差出す誓約書に連記連署した証書を雇主に差入れるのが通例であるのに，被告がそのような証書を原告に差入れていないことは前顕証拠により明らかであることからして，被告の使った前記表現は，ただ単に A の人物を保証する。つまり，同人が信用のできる人物であることを確言するという趣旨でなされたものであり，同人が原告に損害をあたえた場合はその損害を賠償するということまで約する意思でなされたものではないと解されるので，被告が前記表現を使ったからといって，直ちに被告が原告に対し A の行為により原告が蒙った損害を賠償することを約する旨の身元保証契約を締結したものと認めるわけにはいかない。」

【判例 61】
常磐相互銀行事件・東京地決昭和 34・4・4 判時 189 号 21 頁

判旨　被告会社が損害を賠償する旨の「身元保証契約を締結したことは当事者間に争いがない。被告会社は抗弁として，右契約は会社の目的の範囲外の行為であつて，無効であると主張するので，先ずこの点について判断する。」「被告会社が原告に対し，前記のような身元保証契約を締結することは，直接その目的と関連を有しないことは明らかである。しかしながら，被告会社と使用者である被告 A 又は使用者である原告銀行との間に，取引上得意先の関係にあるとか，又は被告会社が被告 A と特殊の関係があるとか，或は，被告会社が原告銀行から金融上の便宜を受けるとかの場合等が考えられるのであるから，被告会社が前記身元保証契約を締結することは，会社の社会的且つ経済的機能から見て，客観的に相当の行為であると云わねばならない。又被告会社は身元保証契約のような，責任額の

労働契約締結過程　47

無限の債務を負担する契約は、会社の存在を危くするものであると述べているが、身元保証契約による身元保証人の責任は契約時に確定しているものではないが、身元保証人は、身元保証に関する法律第五条に規定する範囲内において、その責任を負担するもので無限であるとはいえないし、一般的に考えてかかる契約が会社の存立を危くする行為と云うことはできない。よつて被告会社のこの点に関する主張は採用しない。」

2 身元保証契約の内容

(1) 身元保証契約期間

身元保証契約の存続期間は原則3年、例外（商工業見習者）5年、期間の最高限度は5年とされている（身元保証法1条）。契約期間が6か月で6か月ごとに更新される場合は、契約の有効期間は通算5年となる（判例62）。身元保証契約の5年を超える期間を定めは5年に短縮され、更新は可能であるが、その期間は更新の時から5年を限度とする（同法2条）。期間を3年とか5年とか定めた契約の自動更新条項は、結局、6年とか10年とかの定めと同様の効果をもつから、身元保証人に更新の是非を判断する機会を実際に与えたといえる場合に限り有効であるとする（判例63、判例64）。

【判例62】
第一火災海上保険事件・東京高判昭和47・2・29 東高（民）時報23巻2号22頁

判旨 「身元保証契約は事の性質上本人たる被用者の雇用期間を越えて存続する理由はないから、当初の本件身元保証契約自体には期間の定めはなされていないけれども、『身元保証ニ関スル法律』第1条により当然3年となるものでなく、被用者の雇用期間に相応する6ケ月となるわけであつて、右雇用契約が6ケ月毎に更新されるとその更新の都度格別の意思表示を要せずその身元保証契約期間もまた6ケ月毎に更新することとなるけれども、かくては被用者の雇用が右更新を続け、通じて5年以上に及ぶときは、保証期間もまた5年以上となることとなるので、そうなると実質上は前記法律の趣旨にそわないおそれがあるところから、同法の制限に従い、これを通じて5年間に限つて有効とする旨あらかじめ特約したものと解すべきであるからである。」

【判例63】
太平住宅事件・大分地判昭和47・11・10 判時695号99頁

判旨 「原告と被告A、Bとの間において、昭和40年5月1日の保証契約を締結するに当り、3年の期間満了に際し連帯保証人において、保証打切りの意思表示をしないときは同一条件を以つて更新する旨の約定があつた事実を認めることができる。しかし、このような更新の予約は、使用者から期間満了の直前に改めて通知することにより、更新を拒絶するか否かを判断する機会を与えない限り、身元保証人としては、期間の満了を失念する等の理由で保証打切りの意思表示をする機会を失することもあるので、結局、身元

第2節　身元保証契約

保証人に不利益な特約であるというべく，身元保証に関する法律第6条により無効と解すべきである。原告は，このような特約でも同法2条第1項所定の最長存続期間5年を超えない期間内では有効であると主張するが，同法第2条第2項，第6条により自動更新が無効となるのは，単に同法第2条第1項所定の存続期間5年を定めた趣旨に反することのみならず，このような特約が前示理由により身元保証人にとつて不利益を与えるからである。そして，この不利益は，更新の効力を最長存続期間である5年内に限り認めた場合でも同様に生ずるのであるから，右原告の主張は採用しがたい。」

【判例64】
身元保証損害賠償請求事件・東京地判昭和45・2・3判タ247号280頁

(判旨)　期間5年を定める「本件身元保証契約の契約更新についての約定を，その文言どおりの効力を有するものと解するならば，身元保証人が契約期間の満了にあたつて，契約の更新を拒絶すべきか否かを実際に判断することがないまま契約更新の効果を生じ，事実上は身元保証契約の期間を10年と定めたのと同一に帰することが多いことになるであろう。したがつて，身元保証法第2条，第6条の法意に照らして考えると，前記のような本件身元保証契約の更新約定を，その文言どおりの効力を有するものと解することは相当でなく，右約定は，原告が身元保証人に対して，契約期間満了前の相当期間内に，契約期間満了時期および被保証人である被用者の任務，任地等，ならびに更新拒絶の意思表示がないときは契約が更新されることを通知し，身元保証人に契約の更新を拒絶すべきか否かを判断する機会を実際に得させた場合においてのみ，契約更新の効果を生じさせるという限度において効力を有するものと解するのが相当である」。

(2) 使用者の通知義務違反

身元保証法3条は，①被用者の不適任・不誠実のため身元保証人の責任が生じる虞があることを知ったとき，及び②被用者の責務・任地変更により身元保証人の責任を加重し又はその監督を困難にするときは，使用者は遅滞なくその旨を身元保証人に通知しなければならないとし，同法4条は，身元保証任がその通知を受け，又は，自ら①及び②の事実を知ったときは，将来に向かって身元保証契約を解除できるとする。そして，同法5条は，この使用者の通知義務違反は，裁判所が身元保証人の損害賠償責任及びその金額を決定する上で，斟酌すべき事情となるとする(判例65)。最高裁は，使用者がその通知を遅滞したら当然に身元保証人が賠償責任を免れる理由とならないとする(判例66)。

【判例65】
常磐相互銀行事件・東京地決昭和34・4・4判時189号21頁（前掲判例61と同一判例）

(判旨)　「同人は元原告の使用人として，原告銀行新宿支店に勤務し，当時被告Aら外務員の監督をしていた者であるが，昭和27年12月頃に，被告Aの集金率が悪くなつたので，疑惑をいだき，被告A

に問いただした末，同人が集金した無尽掛金の一部を横領している事実を知つたにもかかわらず，同人が「横領した金員は早急に解決する。」と誓つたので，同人の人格を信頼し，その横領金額についても，深く調査することなく，そのまま同被告に対する集金状況の調査を打切り，被告会社及び被告Bに右事実を通知しなかつたことが認められる。右は，原告の使用人であるが，原告のために被告Aら外務員を監督する立場にあつたものであるから，右の事実は」身元保証法3条に該当する。「従つて，原告が右事実を被告会社及び被告Bに通知することなく，且つ前記のように，単に被告Aの言を信じて，深く調査しなかつたことは，被用者の監督につき重大なる過失があつたものと考えられる。そしてかかる通知義務違反及び重大なる過失は，右原告が被告Aの横領行為の一部を知つた以後，即ち，昭和28年1月以降に生じた被告Aの横領行為にもとずく原告の損害に対し，被告会社及び被告Bの各負担する賠償責任を免除するに足りるものである。」

【判例66】
ユオ時計事件・最2小判昭和51・11・26判時839号68頁

「使用者が身元保証法3条所定の通知義務を怠っている間に，被用者が不正行為をして身元保証人の責任を惹起した場合に，右通知の遅滞は，裁判所が同法5条所定の身元保証人の損害賠償の責任及びその金額を定めるうえで斟酌すべき事情とはなるが，身元保証人の責任を当然に免れさせる理由とはならず，また通知の遅滞が右斟酌すべき事情として考慮される以上，使用者は身元保証人に対して通知の遅滞に基づく損害賠償義務を負うことにはならないと解するのが相当である。」

(3) **身元保証責任の範囲**

損害賠償の責任及びその額の決定に当たって，裁判所は，被用者の監督に関する使用者の過失の有無，身元保証人が身元保証をなすに至った事由，その際の注意の程度，被用者の任務・身上の変化その他一切の事情を斟酌する（同法6条）。同条は，所定の事情について裁判所に職権探知を命じたものではなく（判例67），事実審裁判所に裁量が委ねられている（判例68）とされる。身元保証契約に責任の範囲や限度の定めがなくとも，被用者の行為により使用者が被った損害を全てに賠償責任を負うことにはならず，労働者の責めに帰すことのできない事由については原則として賠償責任を負わない（判例69）。また，使用者の法例違反の業務に労働者が従事した場合（判例70）にも賠償責任を負わない。

他方，身元保証人はその身元保証した労働者の職務執行中の責めに帰する損害の一切につき賠償する責任を有する。したがって，宝石店の店員が販売中に重大な過失で宝石入りの鞄を奪われて店に生ぜしめた損害（判例71），本来自己が運転すべき自動車運転手が他の者に運転を任せて事故を起こした場合の自動車の破損損害等も身元保証人の賠償責任の対象となる（判例72）。また，労働者の責めに帰すべき損害であれば，それが当該労働者の職務外の不法領得によるものであっても身元保証人は責任を免れない（判

第2節　身元保証契約

例73)。

具体的事例として，身元保証人の賠償額の範囲を，農協側の過失，親族の身元保証依頼を拒否できなかった心情，損害賠償債務の大部分が過失によるものである事を理由に全損害の1割としたもの（判例74），銀行の不正予防・早期発見の方策が不十分であり，不正発見後の措置にも過失があったことを理由に全損害の1割としたもの（判例75），会社の監督体制の著しい不備を理由として全損害の2割としたもの（判例77），会社の身元保証責任の重大性の説明不足等を理由に全損害の4割としたもの（判例76）などがある。

【判例67】
静岡相互銀行事件・最2小判昭和34・12・28判時210号19頁

判旨　「法律5条の趣旨は，同条所定のような事情が訴訟に現われた資料によって認められる場合には，裁判所は，身元保証人の損害賠償責任の有無及びその範囲を定めるについて，当事者の主張をまつまでもなく，職権をもつても右の事情を斟酌すべきものとするにとどまり，所論のように同条所定の事情につき裁判所に職権探知を命じたものではないと解するのが相当である。いま本件についてみるに，同条にいう『身元保証人カ身元保証ヲ為スニ至リタル事由及之ヲ為スニ当リ用キタル注意ノ程度』について特に斟酌に値する事情は原審の認定しないところであり，またこれを認めるべき資料も存しないのであるから，この点につきなんら斟酌しなくても原判決に所論の違法はない。」

【判例68】
中野精麦製粉事件・最3小判昭和37・12・25民集16号12号2478頁

判旨　「身元保証に関する法律5条は，民法418条，722条2項と同趣旨の規定であつて，同条所定の事由あるときは賠償額を実損額より軽減しうる権能を法律が裁判所に付与したものである。もとよりその軽減額は，斟酌すべきものとして認定された事情に照応する合理的なものでなければならないという制限はあるにしても，それらの事情をどの程度に斟酌するかは事実審裁判所の裁量に委ねられていると解すべきであるから，軽減額の量定にあたり，必らずしもその算数的根拠を判示する必要はないというべきである。」

【判例69】
千代田運輸事件・東京地判昭和42・11・24判タ215号120頁

判旨　「原告と被告らとの間において原告が重治を雇傭するについて被告らが原告に対しAの身元保証をする旨の契約が成立し，被告らはAが原告に被傭されている間に雇傭契約上の義務に違反した結果原告に生じた損害につきその支払の責に任ずることを約したことは，当事者間に争いがない。原告はさらに被告らの義務は原告がAを雇傭することによつて原告が蒙るべき一切の損害にまで及ぶと主張するけれども，そのようにAの責に帰すべからざる事由によつて原告に生じ，従つてAが原告に対し賠償義務を有しない損害についても被告らは原告に対し賠

償義務を負うとの趣旨であるためには，特段の約定が存することを必要とすると解すべきところ，成立に争いのない甲第一号証および証人Ｂの証言によつてもそのような特約の成立を認めることはできずその他これを認めるに足る証拠は存しない。」

【判例70】
金十証券事件・東京地判昭和45・10・8判時620号54頁

判旨 「一般に身元保証がなされた場合，身元保証をなす者は使用者が被用者を適法に業務に従事させることを予想し，かつこれを前提としているものと考える。しかるに，原告が被告Ａに外務員の職務を行なわせたことは，証券取引法第62条に違反する違法な行為であることは前記の如くであるところ」，「被告Ａが外務員を予定して原告会社に採用された者であっても，同被告が，外務員登録原簿に登録を受けることなく，原告会社の外務員として業務に従事するが如きことは，被告Ｂ，同Ｃがした前記身元保証の及ぶ範囲にもともと属しないものと解するのを相当とする。」

【判例71】
丸山宝飾事件・東京地判平成6・9・7判時1541号104頁

事実 貴金属宝石類の販売を業とする原告が，原告の従業員であった被告Ａが貴金属宝石類在中の鞄を窃取されたことを被告Ａの保管義務違反と主張して，被告Ａに対しては，雇用契約の債務不履行による損害賠償請求権に基づき，被告Ｂらに対して身元保証契約に基づき，窃取された貴金属宝石類の価格と同額の損害賠償金及び訴状送達の日の翌日からの民法所定の割合による遅延損害金の支払を求めた。

判旨 「損害の公平な分担という見地からは，原告が被告Ａに対し請求することができる損害賠償の範囲は，損害額の半分，すなわち，1379万622円とすることが相当であり，右を越える部分は請求することができないと解すべきである。……原告は身元保証書を徴しただけで，原告が被告Ｂ及び被告Ｃの資産等について調べたり右被告らの保証意思を直接確認したりしたとの事実を認めるに足る証拠はないから，原告としても，被告Ｂ及び被告Ｃの身元保証をそう重視してはいなかったのではないかとも考えられる。これらの事情及び三・2で挙げた事情を考慮すると，被告Ｂ及び被告Ｃが，それぞれ身元保証人として，被告Ａと連帯して負担すべき損害賠償の範囲は，被告Ａが負担すべき損害賠償額の4割である551万6249円とすることが相当である。」

【判例72】
寺岡はかり販売会社事件・広島高判昭和37・9・24判時324号24頁

判旨 「被控訴人の保証すべき範囲は，特に使い込み等の金銭上の過誤によるものに限られると主張し，前示誓約書には金銭上の過誤のあつた節は一切の義務に任ずる旨の記載があるに止るところ，身元保証というのは身元保証に関する法律1条にも規定しているように被用者の行為によって使用者の受けた損害を賠償するものであるから，右誓約書の趣旨とするところは要するに横領，窃盗等による場合は勿論，身元本人の職務執行中その責に帰すべき事由により控訴会社に加うることあるべき一切の金銭上の損害をも賠償するにあるものと解するを相当とすべ

第2節　身元保証契約

く，したがつて右誓約書によつては被控訴人等主張事実を肯認するに足りない。……Aは過失により控訴会社の自動車を破損させ，よつて140,000円の修理代金相当の損害を蒙らしめたものであるから，これが賠償責任あるは勿論，Bは自動車運転手であつて，本来自己が運転すべきにかかわらず，任務を怠り，Aの運転を何等阻止することなく，黙認していたのであるから，前記損害の発生につき少くとも過失による責任あるを免れず，右損害を賠償する義務あるものというべきである。」

【判例73】
兵庫相互銀行事件・大阪高判昭和38・10・30判時620号54頁

判旨　「控訴人Aは，不法に被控訴人所有の現金25万円を領得して被控訴人に同額の損害を与えたものといわなければならない。控訴人等は，控訴人Aの，BとCとの間の25万円貸借の斡旋，前示小切手の現金化，25万円の受領は，同控訴人の職務に属しないから，右損害は本件身元保証契約によつて担保賠償すべきものではないと主張するけれども，たとえそれが同控訴人の職務に属しないとしても，同控訴人が不法に被控訴人所有の現金25万円を領得し被控訴人に損害を与えている以上，前示身元保証契約の約旨によつて担保賠償されるべきものと解すべきである。」

【判例74】
X農業協同組合事件・旭川地判平成18・6・6判時1954号120頁

判旨　「上記にみた原告の過失，身元保証人であったA及び被告Bが身元保証をするに至った経緯に加え，被告Cが負う損害賠償債務は，大部分が故意によるものではなく，過失によるものであることからすれば，身元保証人らが負担すべき原告の損害は，身元保証法5条を適用して，被告Cの損害賠償債務のうち，1割程度をもって相当とする。」

【判例75】
A銀行事件・大阪地判昭和47・3・27判タ282号353頁

判旨　「1　被告Aは原告銀行の取引先である大宮製作所の倒産を救うために本件貸付をはじめ，以後これに引きずられて深みに落ちこんだものであつて，その間何らの不正利益を受けなかつた。2　原告銀行調査部の支店に対する定期的な業務検査は行われていたものの，不完全かつ不徹底で所要の書類が備わっているか否かだけを調べるにとどまり，それら書類の内容を点検して真実の預金者が担保提供したものか否かなどを調査しなかつたため，不正の発見が遅れ，また不正発見後もこれを軽視して即時適切な追及手段をとらなかった。3　本件のような不正貸付があれば預貨率が硬化し，ことに北，九条支店の資金量からみてその悪化の程度は顕著だったはずであるから，異常なことと気付いて原因の解明がなされなければならないのに，原告銀行においては右発見の努力を怠った。4　銀行職員が預金者から預金証書や印鑑を預ることは不正の温床であるということがかねてから指摘され，原告銀行においても一応これを禁止していたものの，何ら実効のある防止手段をとらず，検査の際もその調査をしないばかりか，むしろ預金証書や印鑑を預っていることが判明しても不問に付していた。《中略》6　原告銀行は被告Aの原告銀行における地位，業務内容が変更されたことにつき身元保証人に通知

労働契約締結過程　53

をしなかった。《中略》9　被告Bは無資力な老寡婦であり，被告Cは一介のサラリーマンであつて何らの資産も有しない。以上の諸事実を総合して判断すると，被告B，同Cの原告銀行に対する身元保証契約上の賠償義務の範囲は，右被告両名が連帯して原告請求額の1割にあたる300万円の支払をすることをもつて足るものというを相当とする。」

【判例76】
ワールド証券事件・東京地判平成4・3・23労判618号42頁

(判旨)「被告乙川及び同丙沢は，被告甲野の長年の友人関係にあったことから被告甲野の身元保証人となることにしたのであるが，原告においては，歩合外務員の直属の上司においても歩合外務員にどのような身元保証人がついているかを的確に把握していたものではないこと，また，原告における身元保証契約の方法，身元保証書の提出方法，身元保証人の信用力・財力等の調査方法等が前記のとおりの程度であったことなどに照らせば，原告においては，被告甲野の業務が原告に多大な損害を及ぼす危険性があるにもかかわらず，身元保証をそれほど重視していた形跡は見られず，それゆえ身元保証人たる被告乙川及び同丙沢に対しても，被告甲野の業務の危険性に照らして，身元保証の重要性と責任の重大性について十分な説明をしていなかったことがうかがえる。そうすると，右のような事情に加え，本件損害の発生には前示のとおり原告においても過失が認められること，本件損害額には相場の変動という不確定な事情が加味されていること，その他本件にあらわれた一切の事情を斟酌すると，被告甲野を身元保証した被告乙川及び同丙沢の損害賠償責任は，身元保証法第5条を適用して，損害の公平な分担という観点から，被告甲野の負担すべき損害額の4割に減額するのが相当であ」る。

【判例77】
嶋屋水産運輸事件・神戸地判昭和61・9・29労判492号96頁

(判旨)「被告ら両名は，丙川が経理の仕事をすることを知ったうえで身元保証をしたのではあるが，同人が長期間にわたり多額にのぼる不正を働いて原告に多額の損害を与えたのは，原告の監督体制の著しい不備に起因するところが大であり，しかも，当初，原告は身元保証にさしたる関心も示していなかったのであるから，損害の公平な分担という観点から考えて，被告両名の責任の範囲は大幅に減額されるべきである。更に，被告甲野は妻として，又，被告乙山は情誼上やむをえず身元保証を応諾したものであること，被告らは丙川の横領行為を防止又は発見する具体的な方策もなく，むしろ丙川の不法行為につき賠償責任を負う立場にあったこと，被告甲野の方は，通常の妻としての立場で保証をなしたが，現在，丙川とは離婚し高額の賠償能力がなく，その点は，被告乙山も同様であること，その他本件にあらわれた一切の諸事情を斟酌すると，経理担当員としての丙川の身元保証をした被告両名の賠償責任については，身元保証ニ関スル法律第5条を適用して，損害の公平な分担という点より，被告両名は，原告に対し，連帯して，本件全損害額900万874円の内金180万円の限度において，損害賠償の義務があると解するのが相当である。」

第 3 節　試　用　期　間

1　試用期間の法的性格

　試用期間の法的性格をどう捉えるかについて，学説上，かつては特別契約説（採用・不採用を決定するための実験目的の期間の定めのある契約で14日目までは理由も予告もなく解約できるが，その後は期間の定めのない労働契約と同様に扱われる），試用契約・本契約予約併存説（試用契約の締結と同時に本契約たる労働契約の予約が行われる），停止条件説（本採用の決定が行われることを停止条件とする期間の定めのない労働契約），解除条件説（試用期間中に不適格とされれば，その効力は消滅するという条件を付した労働契約）等も主張されていた。初期の判例においては，試用期間の法的性格付けを明らかにするものは少なかったが，次第に，停止条件説（**判例78，判例79，判例80**）や解除条件説（**判例81，判例82，判例83**）を採用する判例がいくつか出てきた。停止条件を採る**判例78**は，「会社と2ケ月の試用契約を締結すると同時に，会社の本採用を妨げるような合理的根拠のない限り本採用の決定がなされることを停止条件とする期間の定めのない雇用契約を締結したもの」とし，また，**判例79**は，「本採用を不適格とする合理的事由の具備を要件とする試用期間内の解約権を留保すると共に，申請人が上記事由を具備することなしに，又はこれを具備しても右解約権を行使されることなしに試用期間を経過することを停止条件として，本採用の雇傭契約を締結したもの」とした。他方，解除条件説を採る**判例81**は，「一連の関係を統一的に見れば，ひっきょう試用期間中に本採用拒否の処分のなされたことをいわば一の解除条件とする期間の定めのない労働契約がその採用（試用）の当初から当事者間に成立したもの」とし，**判例83**は，「試用者として雇用された従業員の作業能力・職業能力を現場で試し，その正規の従業員としての適格性を判断するためにもうけられた実験期間であるが，ここに試用とは試用期間中に従業員として適格性を有しないと判定され本採用を拒否されることを解除条件とする期間の定めのない雇用契約」とした。

　他方，判例の多くが比較的早くから，「就業規則上の制約なしに解雇できる」ように解約権を留保したという意味での解約権留保説を採るようになった（**判例84**）。そして，昭和48年には，最高裁が三菱樹脂事件大法廷判決（**判例85**）において，一定の合理的期間の限定の下に留保約款（「後日における調査や観察に基づく最終的決定権を留保する」という）を設けることには合理性があるとして，通常の解雇より「広い範囲における解雇の自由」を認める解約権留保説を採用したことから，それ以降は，解約権留保説が定着したといえる。

第4章　労働契約の成立

【判例78】
山武ハネウエル事件・東京地決昭和23・7・20労民集8巻4号390頁

判旨　「会社が本採用の基準として内部的に定めた「試用者本採用基準設定の件」（乙第四号証）の記載によれば，左に該当の者は本採用を行わない。1．就業規則第54条及び第55条の懲戒に該当する行為のあつた者，2．左右両極端の思想を有する者又はこれ等に準ずる者と会社が認めた者，3．著しく協調性を欠く者，4．家庭環境の甚しくよくない者，5．技能不良の者又は技能不適にて配置転換の職場がないもの，6．集団生活に適さない疾患のある者又はそのおそれのある者，としているのであるから，その趣旨は会社の効率的運営に寄与することの期待が困難と考えるべき合理的事由を具体的に列挙したものというべきであって，会社はそのような事由のない限り本採用とする意思を有し，この内容の試用契約が成立しているものと認めるのが相当である。従って，申請人は，会社の試用採用により，会社と2ヶ月の試用契約を締結すると同時に，会社の本採用を妨げるような合理的根拠のない限り本採用の決定がなされることを停止条件とする期間の定めのない雇用契約を締結したものというべきである。」

【判例79】
三菱樹脂事件・東京地決昭和39・4・27労民集15巻2号383頁

判旨　「会社は申請人との間に本採用を不適格とする合理的事由の具備を要件とする試用期間内の解約権を留保すると共に，申請人が上記事由を具備することなしに，又はこれを具備しても右解約権を行使されることなしに試用期間を経過することを停止条件として，本採用の雇傭契約を締結したものであつて，本件本採用拒否は右約定に基く停止条件付雇傭契約解約の意思表示にほかならないものと解されるから，もし右意思表示が上記約定の実質的要件を欠き無効である場合には，申請人は試用期間の経過と共に当然に本来の雇傭契約に基く本採用の社員たる地位を取得するものと言わなければならない。」

【判例80】
希望学園事件・札幌地決昭和44・3・28別冊労旬715号

判旨　「申請人と被申請人との本件雇傭契約は試用採用の日から1年間を試用期間としてその間に被申請人は申請人の教員としての適格性を調査判断し，その結果に従い申請人の本採用を拒否して本件雇傭契約を解約することができる権利を留保する反面，右解約権を行使することなしに試用期間を経過すれば当然本採用の効力を生じさせる趣旨の解約権留保を伴う停止条件付本契約であるというべきであるが右解約権の行使は第一高校教員としての適格性を消極に解すべき客観的合理的理由がある場合に限られるのであって，この要件を欠くときは畢竟解約権の濫用として無効といわざるを得ない。そしてこの場合には，申請人は所定の試用期間の経過とともに停止条件を成就して本件雇傭契約に基づく本採用の教員たる地位を取得するものと解するのが相当である。」

【判例81】
ソニー事件・東京高判昭和43・3・27高民集21巻3号225頁

第3節　試用期間

判旨「本件試用労働関係は控訴会社が被控訴人ら新規採用者を将来本採用者に移行せしめる前提として必ず締結するものであつて，その趣旨とするところは控訴会社が当初の3か月の試用期間に被控訴人ら新規採用者が正規の従業員としての能力と適格性を有するかを試験のうえ判定し，その結果によって本採用拒否の形式で契約を解消しない限り，当然自動的に本採用に移行するものであり，その前後にわたって労務の供給及び賃金の支払の関係においては基本的には変動がないものであつて，この一連の関係を統一的に見れば，ひっきょう試用期間中に本採用拒否の処分のなされたことをいわば1の解除条件とする期間の定めのない労働契約がその採用（試用）の当初から当事者間に成立したものというべく，会社の右期間中における本採用拒否の処分は当初の採否の自由の留保されたものとしては基本的にはその自由であるべきであるが，事体の現実としてはその恣意的な決定は許されず，その決定の理由の対象は必ずや当初に残された審査の1項目としての従業員たる能力ないし適格性の有無に向けられ，これを消極に判断すべき客観的合理的理由がある場合に限るべきことは条理上当然であって，かかる要件をみたさないものは結局においていわゆる雇傭の安定の理念に反し，1の権利濫用としてその効力を否定されるべきものである。これを他の面からすれば右本採用拒否処分によって労働関係を終了せしめる点では解雇の場合と全く同様であって，すでに本件の場合のように使用が14日を超えたときは労働基準法第21条但書第4号が解雇について規定するところに象徴されるように，本採用による期間の定めのない労働契約における解雇の場合と同様に取り扱われるべきものと解さざるを得ない。」

【判例82】
名古屋汽船事件・名古屋地判昭和47・5・31 判タ289号57頁

判旨「原告は名光丸に乗船するに際し，一航海終了後は，名宝丸または名和丸に転船し，引き続き乗船勤務するよう被告から告げられていたこと，差遣状には本員採用予定者であることが明記されていること，ならびに臨時雇については就業規則上明文の規定なく，期限付で雇用されても2，3か月で成績不良者でない限り特段の登用手続を要せず本雇として引き続き雇用されるのが通例とされていたこと等の諸事実からすれば，本件雇用契約は，確かに3か月という期限付ではあるけれども，右契約締結に際し，期限満了後は，成績不良等の特別事情なき限り本雇に採用する旨の合意が原，被告間に成立していたと推認するのが相当である。従って，本件雇用契約における3か月の期間は，実質上試用期間の性質を有することになるから，法的に言えば，右雇用契約は試用雇契約と解すべきである。」そして，「試用雇を本雇に登用するにつき辞令の交付等の特別の手続を要する旨の証拠は何ら存しないから，本件試用雇契約は，試用期間中に従業員として不適格であるとの理由で右試用雇契約が解約されないかぎり，右期間経過により，当然に本雇としての地位を取得するという解除条件付の労働契約であると解するのが相当である。」

【判例83】
常磐生コン事件・福島地いわき支決昭和50・3・7 労判229号64頁

判旨「いわゆる試用期間とは試用者として雇用された従業員の作業能力・職業能力を現場で試し，その正規の従業員と

しての適格性を判断するためにもうけられた実験期間であるが，ここに試用とは試用期間中に従業員として適格性を有しないと判定され本採用を拒否されることを解除条件とする期間の定めのない雇用契約であると解するのが相当であり，よって，試用期間中の労働関係は正規の従業員のそれの如く確定的でないにしても，実質は正規の従業員と同じく取り扱われなくてはならない。労働基準法が21条本文において，原則として使用者が労働者を解雇しようとする場合は少なくとも30日前に解雇の予告をしなくてはならなぬとする同法20条1項の規定を「左の各号の1に該当する労働者については適用しない」と定め，4号において試用期間中の者を掲げているものの，同法21条但書において，14日を超えて引き続き使用されている試用期間中の者を除外し，14日以内であれば認められる使用者からの一方的解雇を許容していないことは前記解釈を裏付けるものである。つまり，それは同法が雇用関係安定の理念の立脚し試用従業員をその労働関係の安易な解消から保護すべく試用期間が14日を超えた場合は解雇に関する限り試用従業員も正規の従業員と評価していることを物語るものである。ただ，契約自由の原則は試用契約にも適用があり一概に直ちにその旨断定できないので，本件におけるその法的性質について検討するに，《証拠略》を綜合すると，本採用前後を通じその賃金作業等差異ないことが一応認められ，かかる事実からすると，本件試用契約も前記の如く申請人が従業員として不適格と判定されることを解除条件とする雇用契約であると解するが相当であり，申請人は会社の正規の従業員と同じ法的地位にあるものといわなくてはならなず，試用期間中の従業員である故をもって安易な解雇を許すものではなく，申請人の従業員としての適格性を疑わしめる合理的根拠がなくてはならない。

【判例84】
東京コンクリート事件・東京地決昭和32・9・21労民集8巻5号688頁

判旨　「前記就業規則によれば，試用者は従業員として60日以内の試用期間をもつて採用されるものであり，本採用の従業員という文言がなく，単に試用期間経過後は就業規則第30条所定の事由がなければ解雇されないことと定められているのであるから，試用の名をもつて始まる労働契約は当初より期間の定めのない雇用契約に外ならず，ただ当初の試用期間中は就業規則上の制約なしに解雇できるよう解雇権が留保されている期間であって，その解雇がなされないで試用期間を経過するときは解雇につき就業規則の適用される一般の雇用契約と異なるところのないものと認めるのが相当である。」

【判例85】
三菱樹脂事件・最大判昭和48・12・12民集27巻11号1536頁（前掲判例18と同一の判例）

判旨　「本件雇傭契約においては，右のように，上告人において試用期間中に被上告人が管理職要員として不適格であると認めたときは解約できる旨の特約上の解約権が留保されているのであるが，このような解約権の留保は，大学卒業者の新規採用にあたり，採否決定の当初においては，その者の資質，性格，能力その他上告人のいわゆる管理職要員としての適格性の有無に関連する事項について必要な調査を行ない，適切な判定資料を十分に蒐集することができないため，後日における調査や観察に基づく最終的決定

第 3 節　試 用 期 間

を留保する趣旨でされるものと解されるのであって，今日における雇傭の実情にかんがみるときは，一定の合理的期間の限定の下にこのような留保約款を設けることも，合理性をもつものとしてその効力を肯定することができるというべきである。それゆえ，右の留保解約権に基づく解雇は，これを通常の解雇と全く同一に論ずることはできず，前者については，後者の場合よりも広い範囲における解雇の自由が認められてしかるべきものといわなければならない。」

2　試用期間の長さ・更新・延長

　試用期間が特定の職あるいは当該会社の従業員としての適格性の有無を判断する期間であるとすると，その期間の長さには自ずとその目的に照らして必要かつ合理的な範囲に限定されることになる。まず，就業規則の最低基準効を理由に，就業規則所定の試用期間を超える長さの試用期間はその分超過部分については無効とするものがある（判例86）。次に，見習社員として 6 か月から 9 か月，その後最長 1 年 3 か月の試用期間を経て登用試験を受けて試用社員となり，さらに試用社員としての試用期間と登用試験を経て社員に登用される制度は，試用社員に登用された者に対する試用期間が合理的範囲を超えるもので公序良俗に反して無効であるとされた（判例87）。また，試用期間の延長は，試用期間満了時に一応職務不適格とされたが，配転等の方策により更に適格性を見出すためのものであれば許されるとしつつ，試用期間の 2 回の延長を不相当な措置とした例がある（判例88）。就業規則の試用期間の延長は，就業規則にその旨の規定がなければならないが，当該会社に延長の慣行があり，その慣行を当該労働者が受け入れていれば可能である（判例89）。就業規則に延長の規定があっても，当該規定の延長・有効要件を満たす合理的理由が必要である（判例90）。就業規則の規定がない場合でも，当初の試用期間中に適格性判断の十分な機会がなかった場合（判例91）や会社側が試用労働者の解雇を猶予するために行う場合（この場合，少なくとも労働側の黙示の合意があると考えられる）（判例92）など，特段の事情がある場合に認められる。また，就業規則の規定がない場合，使用者が事前に延長の告知をしなければならないとする判例がある（判例93）。試用期間を延長した場合は，延長事由とされた事実のみを理由として解雇することは許されない（判例94）。

【判例86】
光洋精工事件・徳島地判昭和45・3・31 労民集21巻 2 号

（判旨）「試傭期間を 1 年と定めた本件労働契約は，試傭期間を 2 ケ月と明定する就業規則 2・4 所定の労働条件より不利な労働条件を定めるものというべく，その意味で右労働契約は就業規則の右規定に定める基準に達しないから法第93条により，2 ケ月を超える右労働契約の試傭期間の約定は無効であり，本件労働契約の試傭期間は，就業規則に定めるところに従

労働契約締結過程　59

い2ケ月となるというべきである。このことは，たとえ試備期間を1年とする労働契約が被申請人主張の如く，長年にわたる慣行で，労働組合もこれを承認していたと解しても，解雇に関する就業規則の定めは，労働条件の最低基準として法第93条により直律的効力を与えられ，右規定は強行法規であるから，これに違背する労働契約は，たとえ労働慣行にもとづくといえども，その違背する限度で無効と解さねばならない。」

【判例87】
雅叙園観光事件・東京地判昭和60・11・20労判464号17頁（参照：例処分事件・東京地決昭和57・7・28労経連1130号3項）

「被告会社の就業規則は，採用内定者について原則として3か月間の試用期間を置き，その期間中の身分を試雇用員としていわゆる正社員と区別し，その期間に本人の身元，健康状態，技能，勤務成績等を審査して不適格と認められたときは解約し，他方，試用期間を終えて正式に採用された者を正社員とする旨定めていること（11条，14条）が認められる。そうすると，被告会社における試用期間は，新採用者が正社員として本採用するに足りる職務適格性を有するか否かを判断するための期間であり，その間に職務不適格と判断された場合には解雇することができるとの解雇権が留保された期間であると解することができる。そして，この試用期間の趣旨に照らせば，試用期間満了時に一応職務不適格と判断された者について，直ちに解雇の措置をとるのでなく，配置転換などの方策により更に職務適格性を見いだすために，試用期間を引き続き一定の期間延長することも許されるものと解するのが相当である。

ところが，前記2で認定した事実によれば，被告会社がした第1回目の試用期間の延長はこの観点から是認することができるものの，第2回目の試用期間の延長については，1回延長した試用期間が満了すべき昭和56年10月6日よりも後に行われ，また，延長する期間の定めもされていないのであるから，その動機，目的はともあれ，これを相当な措置と認めることはできない。したがって，本件解雇時において原告は既に試用期間を終えていることになるから，本件解雇が効力を有するためには，正社員に対するのと同様の解雇事由の存在が要求されるものといわなければならない。」

【判例88】
ブラザー工業事件・名古屋地判昭和59・3・23判時1121号125頁

(判旨)「社員の場合は，無届欠勤でない限り長期間病気欠勤をしても他企業のように休職制度はない代わり解雇されることはないことが認められるのに対し，前認定の中途採用者登用制度の内容によると，見習社員及び試用社員であると病気欠勤も勤怠基準である欠勤換算日数の中に一定の割合で算入されるためそれが長期に及べば雇止め又は解雇されることになるから，この一事からしても，見習社員及び試用社員の地位は社員に比べて不安定であることが明らかである。また，前認定のとおり，選考基準が改訂される場合は，改定後の基準が選考対象者に事前に周知されないため，選考対象者としてはどの程度の勤務・勤怠状態であれば不合格になるかの予測を立てることが不可能であることも見習社員及び試用社員の地位を不安定にさせているというべきである。

右のとおり，試用期間中の労働者は不

第 3 節　試 用 期 間

安定な地位に置かれるものであるから，労働者の労働能力や勤務態度等についての価値判断を行なうのに必要な合理的範囲を越えた長期の試用期間の定めは公序良俗に反し，その限りにおいて無効であると解するのが相当である。よって本件についてこれをみるに，前認定のとおり少なくとも女子の現業従業員の場合は，見習社員としての試用期間（最短の者で6か月ないし9か月，最長の者で1年ないし1年3か月）中に『会社従業員としての会社における業務に対する適性』を会社が判断することは充分可能であり，実際にも，会社は右期間中に右適性をも判断しているのであるから，会社が見習社員から試用社員に登用した者について更に6か月ないし1年の試用期間を設け，筆記試験がないほかは試用社員登用の際の選考基準とほぼ同様の基準によって社員登用のための選考を行なわなければならない合理的な必要性はないものというべきである。従って，少なくとも女子の現業従業員の場合，見習社員が最終的に社員に登用されるために経なければならない見習社員及び試用社員としての試用期間のうち，試用社員としての試用期間は，その全体が右の合理的範囲を越えているものと解するのが相当である。」

【判例89】
国際タクシー事件・東京地判昭和39・10・31労民集15巻5号1195頁

判旨　「会社とAとの間の雇用関係の性質について考えてみるに，就業規則第6条に「新たに雇用する従業員は雇入後2ケ月を試みの期間とする」との定めがあることは当事者間に争いがなく，Aの当初2ケ月の雇用関係が試用契約によるものであることは……明らかである。もっとも右規則の文言および試用制度の本旨からすれば，本来会社は新採用者につき従業員としての適格性を疑わせる事情ないし本人の許諾がない以上，所定の試用期間を一方的に延長更新することはできないものと解するのが相当であるが，右Bの証言によれば，会社においては長年にわたって単に会社の都合により新採用者の試用期間を随時延長していたが，新採用者もある程度やむを得ない措置として右会社の態度を甘受してきた事実が認められ，A自身も本件解雇に至るまで会社の同人に対する試用期間延長の措置を右慣行によるものとして受入れていたことは，……これを窺うに十分であるから，Aは本件解雇当時なお試採用者の地位にあつたものと認めるのが相当である。」

【判例90】
パンドウイット・コーポレーション事件・東京地判平成23・6・10LEX／DB25471776

判旨　「労働者を長期間不安定な地位におくおそれのある試用期間の延長が認められるためには，原則として就業規則などで延長の可能性及びその事由等が定められていることが必要であると解されるところ，……就業規則第1章7条には，上記試用期間の延長について『会社は試用期間の結果から判断し，適切でないと認める場合試用期間を延長するか，もしくは本採用を取り消すことがある。』との規定がある。したがって，被告は，試用期間の延長を行うことは可能である。問題は，この試用期間の延長は，いかなる要件を満たす場合に有効と認められるかである。この点，上記就業規則の規定及びその趣旨に照らすならば，被告において有効な「試用期間の延長」が行われたものと認められるためには，延長・前提

要件として「使用者による試用期間の延長行為それ自体が認められること」に加え（以下「延長・前提要件」という。），「試用期間の終了時において，当該従業員を正社員として採用することは適切でないとした使用者の判断が，留保解約権の趣旨に照らし，客観的に合理的な理由があり，社会通念上相当として是認されるものであること」が必要であると解される（以下「延長・有効要件」という。）。

　なぜなら試用期間の終了の時点において，上記延長・有効要件を満たさない場合（すなわち解約権留保の趣旨に照らし上記客観的に合理的な理由等が認められない場合）には，使用者は当該従業員を正社員として採用するのが本来の筋というものであって，このような場合にまで試用期間の延長を認めることは当該従業員の地位を著しく不安定なものにすると解されるからである。」

【判例91】
日本新潟通運事件・大阪地決昭和41・7・2別冊労旬639号21頁

(判旨)「申請人は，昭和40年12月1日，試用期間を昭和41年3月15日までと定めて採用されたが，同年3月下旬頃，試用期間を同年3月16日から同年5月15日までと定めて再雇用された。ところで一般に試用期間の設けられている趣旨は，従業員を現実に稼働させてその適格性を判断することにあると考えられ，試用期間中従業員が不安定な地位に置かれることなどと考え合わせると，試用期間の延長又は更新については，当初の試用期間中に適格性判断のための充分な機会がなかった場合など特殊な事情のある場合にのみ許容されるものと考えるべきである。本件についてこれを検討してみると，形式上は再雇用であるとしても実質からして試用期間の延長と考えるべきであるが，申請人は採用されて以来当初の試用期間中は無欠勤であり，その間主任運転手の指導，監督を受けての勤務を何回か行っており，昭和40年末もしくは昭和41年初め頃には2人一車制の担当車を定められて勤務を続けていたことが認められる。右の事情と申請人に長距離運転手としての稼働経験があることを被申請人において知っていたこと，当初の試用期間が3ヵ月という短かいとは言えない期間であったことなどを合わせ考えると，右の期間中に申請人の適格性を判断する機会がなかったとはとうてい認められない。かえって，疎明によると，被申請人は，申請人の服務態度について運転の際スピードを出しすぎる傾向があり，或いは自分本位の考え方が強く被申請人の注意にも反省しないなどの点が認められたので，申請人に反省を促し，それらを改めさせる目的で，試用期間の延長を行なったことが推される。被申請人がその業務の性質から安全運転など運転手の運転態度に細心の配慮をはらうことはもとより正当であるが，そのために右のような方法をとることは試用期間の制度に反し，これを乱用するものであり，許容されるものとは考えられない。

　従って申請人は右再雇用決定により本来の期間の定めのない雇用契約上の地位を取得したものと考えるべきであり右2ヵ月の徒過によって当然その地位を失うものではない。」

【判例92】
太陽鉄工事件・東京地判平成4・12・21労判623号29頁

(判旨)「A本部長は，採用時，原告には見込みがあると考え，B所長に対しても，原告の赴任前に，やる気のある青年だと

第3節 試用期間

いう連絡をし、また、試用期間が経過する段階においても、何とか原告を本人の希望する営業職として残してやろうと考え、B所長の営業職不向きとの意見があったにもかかわらず、直接の面談結果に基づき、本採用の申請をし、その後も、何かと原告を庇って、雇用を継続させようと努力し、被告本社人事部において、本採用不適当との判断が下されたにもかかわらず、なお、試用期間延長という扱いをした上で、配置転換によって原告の雇用を継続してやろうとしたが、その結果として、原告が提出したレポートが右のようなものであったため、遂に原告に失望してしまった。」

【判例93】
上原製作所事件・長野地諏訪支判昭和48・5・31判タ298号320頁

判旨 「本採用者と試用者につき同一の就業規則で規定している被告会社にあっては、従業員の利益を明確にし、その権利を確定するという観点から就業規則の記載事項を定めている労働基準法89条1項10号の趣旨に則り、就業規則等にその旨明規されるべき性質のものであると解するのが相当である。かかる見地から就業規則等に「試用期間満了日において期間延長の意思表示のなされない場合は、同1条件の試用が継続するものとする。」旨明規されていて、試用期間延長の意思表示の告知に関し労使間でその旨円満に合意されている場合は格別（もっとも右のごとくその旨明規されている場合であっても、その延長される期間等その規定内容いかんによっては、解雇保護規定の脱法行為ないしは公序良俗違反の観点から慎重な検討を要する場合もあろう。）その旨の規定を欠く場合には試用期間の延長の意思表示の告知を要するということは当然の前提とされているというべく、したがって、前叙のごとき被告における試用期間を延長する旨の決定は、いまだ被告会社の内部的決定すなわち被告会社における内部的意思表示の存在を意味するにすぎないから、これを当該従業員に告知しなければ外部的に成立し、有効なものとはならないと解すべきである。」

＊ 延長の告知がないので、通常の解雇を適用するとした判例として、他に大心事件・東京地判平成14・1・22労判ダイジェスト818号88頁がある。

【判例94】
大阪読売新聞事件・大阪高判昭和45・7・10労民集21巻4号1149頁

判旨 「試用延長中には、試用延長前の事実のみを理由として解雇することは許されず、試用延長後新たに何らかの事実が発生し、それが(イ)それ自体で当然解雇の事由となし得るような事実である場合か、(ロ)その事実と試用延長となった事由と併せ考慮するときは、規則12条1号にあたり企業から排除するのを相当と認められる場合であることを要すると解すべきである。何となれば、試用延長のなされた理由が前記3項(B)の類型である場合はもとより、同(A)の類型の場合であっても試用延長の意思表示は、試用期間の満了によっては本人を不適格として不採用としない意思を表示するものであり、従って、そこには、一応解雇（不適格不採用）事由に該当する様なものがあっても、もはやそれのみを事由としては不採用とはしない意思表示を含むと解すべきであるから、何ら新たな事実の発生がないのに、試用延長前に発生し且つ延長の事由とされた事実のみに基づいて解雇することは、

被傭者に一旦与えた利益を奪うこととなって禁反言の原則に照らしても許されないからである。尤も，試用延長前に発生していた事実であっても，それが会社の過失に依らずして会社に知れておらず，試用延長後に始めて発覚した場合には，別途に考えねばならないが，本件にあっては，……（その）の事実は……被控訴人に知れ，9月4日の発送部長から控訴人に対する延長事由告知の際告げられているのであるから，本件ではこの点を問題とする必要はない。」

3　留保解約＝解雇と解雇予告

労基法21条但書は，試用期間中の者が14日を超えて引き続き試用されるに至ったときは解雇予告が必要である旨定めている。したがって，試用期間中の労働者は期間の定めのない労働者であっても，14日間は解雇予告制度の保護を受けない（判例95）。この14日間の計算には，休日（判例96）も自宅待機命令の期間も含まれる（判例97）。

【判例95】
東京コンクリート事件・東京地決昭和33・9・21労民集8巻5号688頁

(判旨)「就業規則第30条本文但書は，試用期間中の者で採用した日から14日以上経過した者についても同条各号の事由がなければ解雇できない趣旨のように文言上は読めるけれども，(イ)この趣旨に読めば一四日以上の試用期間を認めることは無意味となるし，(ロ)また支部がこれまでこの条文を文字どおり解釈すべきだとの主張をして来たことの疎明もないので，前記但書の趣旨は，労働基準法上試の使用期間中の者が採用後14日を超えない中に解雇される場合は，同法第20条の適用がないこととなっているので，この趣旨のみを明らかにするため，かかる場合に該当する従業員の解雇には30日前の予告や予告手当の支給を必要としないことを表現したに過ぎないと解され，結局試用期間中の従業員には就業規則第30条の定める解雇事由の制限はないものと解せられる。」

【判例96】
ファルコンプリント事件・東京地判昭和54・12・10労民集30巻6号1186頁

(判旨)「前記第2項において認定したとおり，原告の雇用期間日数は15日間であり，その間に休日が二度あり，実働日数は13日になるが，社会通念上も労働基準法解釈上も，雇用期間日数は，労働日のみならず休日も含む暦によると解するのが相当である。したがつて労働基準法第21条但書にいう14日を超えて引続き使用されたという要件に該当すると解され，この要件に該らないという被告の抗弁は失当である。」

【判例97】
日本印章事件・名古屋地判昭和52・3・20労判277号61頁

(判旨)　原告は，昭和49年9月10日に被告会社に試用社員として入社し，同月19日まで就業し，稼働場所がないという理由で，20日から25日まで自宅待機を命じられ，25日に即時解雇された。「右認定の

第3節 試 用 期 間

事実によれば，被告のした即時解雇の意思表示は，昭和49年9月25日になされたものであり，原告は試用ではなるが同年9月10日から起算して14日を超えて引き続き雇用されている者として労基法21条但書の適用があるため，右即時解雇については，労基法20条所定の予告手当金（30日分以上の平均賃金相当額）の支給を解雇と同時になすことが被告に義務付けられている。」

4　留保解約権＝解雇権の濫用

前述の三菱樹脂事件最判は，使用者が留保した解約権の行使は，「採用決定後における調査の結果により，または試用中の勤務状態等により，当初知ることができず，また知ることが期待できないような事実を知るに至った場合において，そのような事実に照らしその者を引き続き当該企業に雇傭しておくのが適当でないと判断することが，上記解約権留保の趣旨，目的に徴して，客観的に相当であると認められる場合には，さきに留保した解約権を行使することができるが，その程度に至らない場合には，これを行使することはできないと解すべきである。」とした（判例98）。この最高裁判決以降の判例は，基本的にこの判断基準に基づいて具体的事案の留保解約権（解雇）の有効性を判断してきたといえる。しかし，下級審判例の立場を統一的に理解することは必ずしも容易ではない。たとえば，多くの判例は，就業規則の規定がどうなっているかにかかわりなく，留保解約権の行使は，試用期間中の労働者以外の通常の従業員に適用される就業規則等の解雇事由及び（又は）解雇手続に制約されない（又は必ずしも制約されない）とするが，他方で，判例99のように，留保解約権が「通常の解雇に比べ広く認められる余地はあるとしても……解雇権濫用の基本的な枠組みを大きく逸脱するような解約権の行使は許されない」とするものや，試用の目的，即ち従業員としての適格性の判定が留保されているだけであるから，それ以外は本採用者と比べて緩やかに考えるべきではないことを強調するものがある（判例100）。

【判例98】
三菱樹脂事件・最大判昭和48・12・12民集27巻11号1536頁（前掲判例85と同一判例）

判旨　「法が企業者の雇傭の自由について雇入れの段階と雇入れ後の段階とで区別を設けている趣旨にかんがみ，また，雇傭契約の締結に際しては企業者が一般的には個々の労働者に対して社会的に優越した地位にあることを考え，かつまた，本採用後の雇傭関係におけるよりも弱い地位であるにせよ，いったん特定企業との間に一定の試用期間を付した雇傭関係に入った者は，本採用，すなわち当該企業との雇傭関係の継続についての期待の下に，他企業への就職の機会と可能性を放棄したものであることに思いを致すときは，前記留保解約権の行使は，上述した解約権留保の趣旨，目的に照らして，客観的に合理的な理由が存し社会通念上相当として是認されうる場合にのみ許されるものと解するのが相当である。換言

すれば，企業者が，採用決定後における調査の結果により，または試用中の勤務状態等により，当初知ることができず，また知ることが期待できないような事実を知るに至つた場合において，そのような事実に照らしその者を引き続き当該企業に雇傭しておくのが適当でないと判断することが，上記解約権留保の趣旨，目的に徴して，客観的に相当であると認められる場合には，さきに留保した解約権を行使することができるが，その程度に至らない場合には，これを行使することはできないと解すべきである。」

【判例99】
ライトスタッフ事件・東京地判平成24・8・23労判1061号28頁

判旨 「試用期間が試用労働者に対する実験・観察のための期間であることにかんがみ，当該試用労働者の資質・性格・能力などの適格性について「後日における調査や観察に基づく本採用の最終的決定を留保」することにある。したがって，留保解約権の行使は，通常の解雇の場合と比較し，広い範囲で容認されるものと一応は解されるが，ただ，そうはいっても，上記のような試用労働者の適格性判断は，考慮要素それ自体が余りに抽象的なものであって，常に使用者の趣味・嗜好等に基づく恣意が働くおそれがあるのも事実である。そうだとすると留保解約権の行使は，実験・観察期間としての試用期間の趣旨・目的に照らして通常の解雇に比べ広く認められる余地があるにしても，その範囲はそれほど広いものではなく，解雇権濫用法理の基本的な枠組を大きく逸脱するような解約権の行使は許されないものと解される。」

【判例100】
ニッセイ電機事件・東京高判昭和50・3・27労判231号58頁

事実 東京高裁は，原審（長野地諏訪支判昭和49・4・3労判231号61頁）の整理解雇無効の判決を維持し，次の説示を引用した。

判旨 「原告が試用期間中であるからといって，……試用期間の目的，即ち従業員としての適格性の判定が留保されていたのみであり，それ以外の労働条件その他についての就業規則等の適用については他の本採用労働者との間で区別することは許されず，解雇事由の適用においても，他の本採用労働者に比しゆるやかに考えることはできない。」

(1) 技術・知識・能力欠如

三菱樹脂最判の説示のように，実際に働かしてみなければ，「知ることができず，また知ることが期待できないような」知識，能力，性格等の労働者の適性をみるのが試用期間であると考えられるが，新卒者の場合は一般的な従業員又は将来の管理職としての適性が問題とされ，即戦力として採用される中途採用者の場合はより特定された技術，知識，能力が問われることが多い。三菱樹脂最判以降の判例をみると，中途採用者に関する事件が圧倒的に多いが，新卒者に関する事件も散見されるといった状況にある。これらの判例の中には，留保解約権の行使とするものと，端的に解雇権の行使とするものとが混在している。具体的な判例として，**判例101**から**判例111**があげられる。そし

第3節　試用期間

て，**判例106**と**判例111**のみが新卒者採用の事案であり，残りのすべてが中途採用者の事案である。まず，新卒者に関しては，**判例106**は試用期間を延長して，その延長期間終了時にも普通解雇該当事由が認められるとしたものである。また，**判例111**は，試用期間途中の解雇につき，「今後指導を継続しても，能力を飛躍的に向上させ，技術社員として必要な程度の能力を身につける見込も立たなかったと評価されてもやむをえない」と判断した。本件は，企業の業務の特質を重視した判断を行っているが，原告が新卒者であることを考えると，試用期間にどのような能力が試されるのかについて原告にどの程度の説明があったのかも検討されるべきだったと思われる。次に，中途採用者の事案であるが，**判例103**，**判例105**，**判例106**，**判例110**は，試用期間の留保解約権の性質を論ぜず，解雇の効力を判断しており，試用期間終了後の普通解雇であったとしても同じ結果になったといえる事案であったと思われる。因みに，留保解約権の性質を論ぜず，解雇の判断をする判例のあることは，技術・知識・能力欠如以外の事案にも共通している。**判例101**は，ランク・給与の高い職員については，留保解約権の行使がある程度広く認められることができるとした点に特徴がある。**判例107**は，会社が零細企業であることを指摘しているが，留保解約権行使とどのような意味で関係するのかはよく分からない。

【判例101】
欧州共同体委員会事件・東京地判昭和57・5・31労判388号24頁（東京高判昭和58・12・14労民集34巻5＝6号922頁－原審判決維持）

〔事実〕　申請人は被申請人のECジャーナル編集のため，3か月の試用期間付で中途採用された労働者。しかし，期待された能力がなく，また上司の命令に従わず，同僚職員等との協調性に欠けるとして，本採用を拒否された。判決は，三菱樹脂事件最判を引用後，次のように論じた。

〔判旨〕　「右編集，発行に関する申請人の能力は，被申請人の期待に応えるものではなかったばかりでなく，申請人の英語の能力も，被申請人が採用時において予想した程度に達していなかったものであり，さらに，申請人は，上司の命に素直に従わず，また，同僚の職員等との協調性に欠ける点があつたのである。そして，

他方，被申請人は，駐日代表部の雇用形態としていわば能力主義を採用し，ランク別に地位，給与等に格差を設け，AランクやBランクの該当者に対しては年齢が若くてもかなり高い給与を支給していたものであり，この点からみると，被申請人が，右のような高いランクの職員の採用に際して，適格性の審査を十分に行うため試用期間を設けて解約権を留保するのは，このような雇用形態を採らない場合に比し，より強い合理性を有するものということができ，本件契約において留保された解約権の行使は，ある程度広くこれを認めることができるというべきである。」

【判例102】
極東交通事件・大阪地決平成2・9・20労判572号78頁

第4章　労働契約の成立

（事実）原告は中途採用。タクシー運転手。3か月の試用期間中に勤務時間中交通事故に遭い休職し，完治後解雇された。解雇が試採用期間中になされた本採用拒否かについて争いがある。

（判旨）平均的乗務員より好成績であり，不慮の事故によって休職のやむなきに至ったのであるから，すでに了解済みの他社勤務を持ち出して適格性を否定するのは，留保解約権の行使は，権利の濫用として無効であり，また普通解雇又は懲戒解雇であるとしても合理性を欠き権利の濫用として無効である。

【判例103】
ダイヤモンドコミュニティ事件・東京地判平成11・3・12労経速1712号9頁

（要約）原告は中途採用。被告はマンション管理等を目的とする会社。仕事は管理人の労務管理，試用期間3か月，2か月余で解雇し予告手当支払。解雇理由は，①電話取次ぎ間違いが多く，指導後もミスが完全になくならない，②コンピューターの入力ミス，ワープロ文書作成の変換ミス，誤字脱字の見落とし，③引継ぎの説明を理解できず，誤った処理，④注意に対する，言い訳や反発。

判決は，試用期間の留保解約権の性格を論ぜず，解雇の効力を判断し，有効とした。

【判例104】
新光美術（本訴）事件・大阪地判平成12・8・18労経速1763号3頁（参照：新仮処分事件・大阪地決平成11・2・5労経速1708号9頁）

（事実）原告は中途採用。債権者は中途採用。高級カタログの企画立案・印刷・加工まで一貫した受注を行う債務者（印刷会社）の営業部第2営業グループの営業，試用期間3か月，期間終了時本採用拒否。解約権行使の理由は，営業員としての資質・能力面で必要な適性欠如，誓約保証書不提出，入社10日後に給与額変更上申書提出，規則に反する大型RV車の無断構内乗り入れ等。

（判旨）「試用期間中の労働契約は，使用者の解約権が留保されている労働契約であると解されるところ，右留保解約権の行使は，採用後の調査や勤務状態の観察を行って採否の最終決定を行うという解約権留保の趣旨，目的に照らして，客観的に合理的な理由が存し，社会通念上相当と是認されうるものでなければならない。」本件本採用拒否は，合理的な理由があり，社会通念上相当なものであったとはいえず，本件解雇は無効である。

【判例105】
テーダブルジェー事件・東京地判平成13・2・27労判809号74頁

（要約）原告は中途採用。被告はベンチャーキャピタルを主な業務とする会社。大学院終了，日本の証券，アメリカのベンチャーキャピタル会社の勤務後入社，試用期間3か月，約1か月半で管理職不適格（幹部としての意欲，熱意，計画性が感じられない。行動力，対人折衝能力，新規開拓力等の営業力欠如，部下に対する指導力不足等。）として解雇された。原告が損害賠償請求。

判決は，試用期間の留保解約権の性格を論ぜず，解雇の効力を判断し，本採用取消しの理由は，原告が被告の会長にまともな挨拶もしなかったことであるとして，本採用取消しは解雇権濫用として無効であるとした。

第3節　試用期間

【判例106】
三井倉庫事件・東京地判平成13・7・2労経速1784号3頁

(事実)　被告は倉庫業を営む会社。原告は短大英文科新卒で3か月の見習期間後、2か月延長されたが、見習い期間終了時解雇された。就業規則には12条（見習期間）「3項、第2項の見習期間は試用期間とし、所要期間の途中において、またはその終了に際し、従業員として不適格と認められる者は解雇する。ただし、入社後14日を経過した者については、第53条（解雇）及び第54条（解雇予告及び解雇予告手当）の手続によるものとする。」の規定があった。解雇理由は、①事務処理能力欠如、②そのためフォローに他職員が多大な負担、③配属以来、再三にわたり教育指導、監督を繰り返したが、基本的な事務処理能力は改善していないことにあった。

判決は、試用期間の留保解約権の性格を論ぜず、解雇の効力を判断し、有効と認めた。

(判旨)　「原告の与えられた担当業務が被告において平易な内容のものであること、その他の職員と比べればもちろん、概ね3か月位で自立できる状況である従来の新規学卒女子社員と比べても事務処理能力が大幅に劣ることを考慮すると、原告は被告従業員として求められる能力や適性を著しく欠いており、就業規則上の普通解雇事由が存すると認められる。」「事実関係の下では、本件解雇が試用期間中のものであることを考慮するまでもなく、著しく不合理であると認めるには至らない。」

【判例107】
ブレーンベース事件・東京地判平成13・12・25労経速1789号22頁

(事実)　原告は中途採用。被告はインプラント、X線診断器等の医療材料・機器製造販売の会社。3か月の試用期間付で、担当業務は商品の発送業務、ファックス送信業務。試用期間満了5日前に解雇。解雇理由は、緊急の業務指示に迅速に応じないこと、採用面接に時にパソコン使用に精通していると述べていたが満足にできないこと、代表取締役の業務指示に応じなかったこと等である。

(判旨)　「一般に、試用期間の定めは、当該労働者を実際に職務に就かせてみて、採用面接等では知ることのできなかった業務適格性等をより正確に判断し、不適格者を容易に排除できるようにすることにその趣旨、目的があるから、このような試用期間中の解雇については、通常の解雇の場合よりも広い範囲における解雇の自由が認められるというべきである。しかし、一方で、いったん特定企業との間に一定の試用期間を付した雇用関係に入った者は、本採用、すなわち、当該企業との雇用関係の継続についての期待を有するのであって、このことと、上記試用期間の定めの趣旨、目的とを併せ考えれば、試用期間中の解雇は、客観的に合理的な理由が存し、社会通念上相当と是認される場合にのみ許されると解するのが相当である。」（この部分は三菱樹脂最判の要約と思われる）。本件では、「高度ないしは困難な事務処理を任されていたわけでもなかったこと、被告は、取締役を含めた実働社員4名の零細な規模の企業であること、以上の事情にかんがみると、将来的には原告に自ら顧客となるべき者に対する商品説明を行うなどして、……

労働契約締結過程

第4章　労働契約の成立

被告の商品の販売につながる業務を行うことを期待した被告にとっては，原告の業務状況は，……そのような期待に沿う業務が実行される可能性を見出し難いものであったと認めるのが相当である。」拠って，解雇は有効である。

【判例108】
オープンタイドジャパン事件・東京地判平成14・8・9労判836号94頁

（要約）　被告はインターネットサービス，韓国ベンチャー企業の日本市場進出支援等の会社であり，原告は人材紹介会社を通じて事業開発部長として採用した。試用期間3か月付としたが，2か月弱で解雇した。解雇理由は，①業務遂行の不良，不適切，②事業部開発部長としての能力の発揮が期待に沿わない，③英語能力の欠如等。

判決は，試用期間の趣旨，目的に照らし解雇の効力を判断するとし，「原告が解雇されるまでの2か月弱の間にそのような職責を果たすことは困難であった」。TOEICの結果は「どんな状況でも適切にコミュニケーションができる素地を備えており，ビジネスマンが海外部門で海外駐在員として対応できる程度にある」などとして，解雇を無効とした。

【判例109】
ニュース證券事件・東京地判平成21・1・30労判980号18頁（前掲判例49と同一判例）

（事実）　被告は証券会社。原告は同社社長の勧誘により営業職正社員として6か月の試用期間付きで採用されたが，約5か月後に①新規に顧客を開拓できないこと，②顧客に値上がりが確実であるとの誤解させるおそれある発言や稚拙な対応等の理由で解雇された。

（判旨）　判決は，三菱樹脂事件最判を引用し，留保解約権の趣旨・目的に照らして，本件解雇（留保解約権の行使）が，客観的に合理的な理由が存し社会通念上相当として是認されるかどうかで判断するとしたうえで，「わずか3か月強の期間の手数料収入のみをもって原告の資質，性格，能力等が被告の従業員としての適格性を有しないとは到底認めることはできず，本件解雇（保留解約権の行使）は，客観的に合理的な理由がなく社会通念上相当として是認することができない。」「本件においては，原告の成績が改善される見込みがない旨の被告主張を裏付けるに足りる証拠は全く存しない」等と説示し，本件解雇を無効とした。

【判例110】
医療法人財団健和会事件・東京地判平成21・10・15労判999号54頁

（事実）　被告は，病院，介護老人保健施設，診療所など経営する法人。原告は中途採用で事務総合職として3か月の試用期間付きで採用された女性。試用期間満了まで20日程度残す時点で本採用拒否された。拒否理由は，コンピューターの基礎データ入力ミス，記載ミスや電話対応における聞き忘れ，病歴整理の整理番号の書き間違え等の単純ミスが多いこと。

（判旨）　判決は，試用期間の留保解約権の性格は論ぜず，解雇の効力を判断し，「原告は，第1回面接において，上記の点をAから厳しく指摘され，第2回面接までの間に，入力についてはその都度3回の見直しをするなどの注意を払うようになったため，少なくとも入力についてのミスが指摘されることはなくなり，周り

第3節　試用期間

の職員に対する気配りも一定程度するようになるなど、業務態度等に担当程度の改善が見られた。第2回面接においては、上記改善が確認されたものの、原告については、未だ入力内容を常勤職員が点検している段階で、ほぼ同時期に入職した派遣事務のDと比較して仕事内容に広がりが生じていることや、5月以後に受診者が増えたときに健康管理室の業務に対応できないおそれがあるなど、未だ被告が常勤事務職員として要求する水準に達していないとして、Aから、この点が厳しく指摘された。そして、原告は、一度は退職する意向を示したものの、同年3月26日の本件面談の結果、退職せずに、引き続き試用期間中は、健康管理室で勤務し、その間の原告の勤務状況を見て、被告の要求する常勤事務職員の水準に達するかどうかを見極めることとなった。」にもかかわらず、「試用期間満了まで20日間程度を残す同年4月10日の時点において、事務能力の欠如により常勤事務としての適性に欠けると判断して本件解雇をしたことは、解雇すべき時期の選択を誤ったものというべく、試用期間中の本採用拒否としては、客観的に合理的理由を有し社会通念上相当であるとまでは認められず、無効というべきである。」

【判例111】
日本基礎技術事件・大阪高判平成24・2・10労判1045号5頁（大阪地判平成23・4・7労判1045号10頁）

(事実) 被告は建設コンサルタント、地番調査・改良工事、環境保全等を業とする会社。原告は大学新卒者で6か月の試用期間付きで採用されたが、試用期間満了2か月前に、①周囲の者の身体・生命に対する危険を有する行為を行ったこと、②時間・規則不遵守、③睡眠不足を理由に解雇された。就業規則8条は「新たに採用する職員には、原則として6か月間の見習い期間を設ける。見習い期間の途中または終了時に、能力、勤務態度、健康状態等に関して職員として不適当と認められる者については、定められた手続によって解雇する。」と定めていた。

(判旨) 判決は三菱樹脂事件最判引用し、「4か月弱が経過したところではあるものの、繰り返し行われた指導による改善の程度が期待を下回るというだけでなく、睡眠不足については4か月目に入ってようやく少し改められたところがあったという程度で改善とまではいえない状況であるなど研修に臨む姿勢についても疑問を抱かせるものであり、今後指導を継続しても、能力を飛躍的に向上させ、技術社員として必要な程度の能力を身につける見込みも立たなかったと評価されてもやむを得ない状態であったといえるから、本件解雇は新卒者に対する解雇とはいえ、解雇権濫用があったものとまでは認められ」ない、とした。

(2)　勤務態度不良・協調性欠如

　三菱樹脂事件最判のいう従業員としての適格性というのはどの範囲を含むのかは必ずしもはっきりしないが、勤務態度不良とか協調欠如とかは、通常の解雇の場合とどのように異なるのか不明というしかないように思われる。試用期間だから広く解雇が認められるということなのだろうか。ここでは、**判例112**から**判例117**までの6つの判例中、**判例117**を除くすべての判例で解雇が有効とされている。ただ、これらの勤務態度不

第4章　労働契約の成立

良や協調性欠如に関する判例から，試用期間経過後の普通解雇よりも試用期間における解雇の方が規制が実質的に緩いとみることができるかは判定できない。なお，**判例116**と**判例118**は，試用期間延長後のケースであることにも留意しなければならない。

【判例112】
ユオ時計事件・仙台地判昭和53・3・27労判295号27頁

（事実）原告は中途採用者。東北大学生協に入り宮城一般労組に加入，以後同生協で組合活動を行った。
　3か月の試用期間中に勤務成績不良を理由に解雇された。被告会社の就業規則2章14条2号には「勤務成績が不良で従業員として不適格と認められたとき。」解雇する旨定められていた。
（判旨）判決は，「上司の指示・命令に対する無視的態度，上司や得意先に対する言葉遣いや態度の劣悪さ，同僚らとの間の協調性の欠如，これに関する上司からの注意にもかかわらず容易にこれを改めようとしない性格・態度及びこれらの行為に基因する営業上の支障の発生（取引停止等）等諸一連の右行為は，まさに本件就業規則2章14条2号後段所定の事由に該当する」とした。

【判例113】
国際観光バス事件・東京地判昭和53・6・30労経速992号20頁

（事実）原告は，アルバイト勤務後，試用期間3か月の試用期間付で事務職採用。被告会社の就業規則は，試用期間期間中に不適格と認められた場合には取消しを行う旨の規定があった。
（判旨）判決は，「就業規則等に定められた解雇事由や解雇手続等の制約なしに従業員として不適格と認めるときは……解雇できる旨の広い裁量判断に基づく解雇

権が留保されている」とした。そして，「債権者には職場秩序を尊重し，上司の指導に従い同僚に協力するという態度が著しく欠けていたものと認めざるを得ない」し，また「自己の要求をあくまで固執して自宅待機制度に関する覚書等を自己に有利に変更することを求めるものであったということができ，その言動等をもあわせ考慮すれば不穏当であり行き過ぎの点があった」等とし，解雇権濫用の主張は認められないとした。

【判例114】
雅叙園観光事件・東京地決昭和60・11・20労判464号17頁（前掲判例87と同一の判例）

（事実）原告は中途採用の管理総務係員として採用されたが，ミス多く，注意されても直らず，反論するとの理由で解雇。
（判旨）判決は，試用期間の1回目延長後の解雇は，「延長する期間の定めもされていないのであるから，その動機，目的はともあれ，これを相当な処置と認めることはできない」から，「正社員と同様の解雇事由が要求される。」としたが，原告の勤務態度は，就業規則の「就業態度が著しく不良で他に配置転換の見込がないと認めたとき」に該当するので，解雇有効とした。

【判例115】
日和崎石油事件・大阪地決平成2・1・22労判付録571号55頁

（事実）申請人は被申請人の給油所に試用

第3節　試用期間

期間3か月付で中途採用された夜間勤務の嘱託社員。上司の注意を聞かず，顧客に車の値段や行き先を聞いたりしてひんしゅくを買っていたことから，1週間後に解雇された。

判旨　判決は，「留保解約権に基づく解雇は，通常の解雇よりも広い範囲において解雇の自由が認められる」とし，原告の勤務態度は顧客へのサービスが要求される給油所の従業員としては，適切なものとはいえないから，解雇は有効であるとした。

【判例116】
太陽鉄工事件・東京地判平成4・12・21労判623号29頁（前掲判例92と同一の判例）

事実　原告は6か月の試用期間付きで営業マンとして中途採用された。原告は，他社からの苦情が多く，同僚が一緒にいるのを避けるような状態で，「販売職不向」と評価されたが，営業本部長の取り計らいにより，試用期間延長され，配置転換を前提として希望を尋ねるなどして雇用継続を計ろうとしたが，原告が被告会社での雇用継続を望まないとしか受け取られない返事をしたほか，いい加減なリポートを提出したほか，遅刻や早退を繰り返した。

判旨　判決は，「本件解雇をもって，解雇権の濫用というべき特段の事情は何も認めることができず，要するに，原告の態度は，社会人としてはあまりに甘えすぎといわざるを得ない。」と結論づけた。

【判例117】
レキオス航空事件・東京地判平成15・11・28労判ダイジェスト867号89頁

事実　被告は定期航空運送業務を目的とする会社であり，原告は，試用期間3か月付で採用され，東京事業所客室部に配属された後28日目に解雇された。被告の就業規則は，「試用期間中……社員として勤務させることが不適格と認められた場合には，第7章の手続きに従い解雇する。」（6条3項）。「社員が次のいずれかに該当する時は，解雇する。……(2)勤務成績または業務能率が著しく不良で社員として不適格と認められたとき。……(4)組織不適応，非能率，労働意欲の欠如等，会社業務の円滑な遂行に支障を来し，将来とも社員としての責務を果たし得ないと認めたとき……(7)その他前各号に掲げる他，これに準ずる場合で会社が必要と認めたとき」（31条1項）等と定めていた。

判旨　判決は，試用期間は「後日の調査や観察による最終決定を留保する趣旨でされたものであるから，通常の解雇より広い範囲で解雇の自由が認められるといえるが，解除権留保の趣旨目的に照らして判断されるとした上で，本件解雇は，「そのほとんどは東京事業所の特定の社員からの伝聞証拠であり，これを裏付けるに足りる証拠はない」ので，解雇権濫用として無効であるとした。

(3)　勤務成績不良

試用期間中の勤務成績不良による解雇に関する判例は少ない。敢えてあげれば，次の2つぐらいであろうか（**判例118**，**判例119**）。両事件は，勤務成績不良を理由とする場合，その比較対象者をどうするのかとする参考となると思われる。**判例118**は，適格性を理由とする解雇は他の試用員と比較して著しく権衡を失するとし，**判例119**は，試用労働者の平均営業収入を通常の従業員と比較して不良といえないとした。

【判例118】
新光タクシー事件・福岡地決昭和52・3・9労判295号54頁

事実 原告は3か月の試用期間付で中途採用されたタクシー運転手。遅刻，欠勤，勤務成績不良を理由として本採用を拒否された。

判旨「試用期間は，労働者の技能，勤務態度，性格等を観察し，当該労働者が雇傭契約によって定められた業務に従事する従業員としての適格性を有するか否かを使用者が判定するための期間である。……本採用するか否かを定めるについては，当然一定の裁量が認められるわけであるが，それは客観的にみて右試用期間が認められる趣旨に照らして合理性がある基準によった裁量でなければならない」。「本件解雇は，あるいは他の試用員の場合に比べて著しく権衡を失し，被申請人が主張する適格性欠如の事由のうち，少なくとも遅刻の点は肯認することができず，その余の事由も客観的に合理性が認められる基準によったと認め」難い。

【判例119】
宇田タクシー事件・松山地判昭和61・1・22労判467号46頁

事実 申請人らは被申請人の運転手として3年ないし6年以上継続的に勤務してきた。しかし，昭和58年4月19日以降は，申請人らは，自分が本採用従業員の地位を有しているとしてそれ以外の地位における乗務を一切拒否し，一方，被申請人は，臨時雇用者としての乗務から認めるがそれ以外の資格における乗務は一切認めない，との態度を崩さず，結局，申請人らは，同日以降被申請人の従業員としての勤務はなさず，被申請人から賃金も得ないで，今日に至っている。

判旨 本件では，労働協約において，試用期間満了時に協議して本採用を決定するとの条項があるが，協議が成立せず，数度の試用期間延長後，被申請人会社が契約延長拒否を理由として退職として取り扱うのは本採用拒否である。「申請人らの昭和57年3月から昭和58年4月までの平均営業収益はいずれも他従業員と比較してほぼ同等もしくはそれ以上であり，勤怠も申請人らの勤務体系に照らして考えるならば，決して不良とはいえないこと……過去の試採用従業員は試用期間終了後すべて本採用従業員となっていることなどが一応認められるのであり，これらに鑑みるならば，申請人らは本採用従業員としての適格性を十分有していたものということができ，被申請人が本採用を拒否する合理的理由はなかったというべきである。したがって，試用期間が終了した昭和58年4月19日には留保解約権は消滅し，申請人らは当然本採用従業員の地位を取得したことになる。」

(4) 経歴詐称

三菱樹脂事件最判も経歴詐称に関わる事案だった。経歴詐称は，労働者の採用時における適格性判断を妨げるものであることもあり，経歴詐称を理由とする本採用拒否事件は比較的多い。経歴詐称は，一般的には懲戒解雇の理由になるとされていることからすると，試用期間においては，留保解約権＝普通解雇の理由とされていることは，注目すべきことである。ここでは，次の**判例120**から**判例124**の5つを判例の特徴を紹介する。すべての判例で，判断基準は，当該労働者が雇われた職種などに適した能力・適性

第3節　試用期間

判断に重要な影響を与える経歴の詐称か否かである。これらの判例のうち，本採用拒否を有効としたのは，**判例120**と**判例124**の2件である。**判例210**は，経歴詐称が「当該職種の従業員の合理的採用基準にてらし重要でないとか，……労働契約関係を維持することを著しく困難ならしめる程のものでないと認められるような場合を除き」解雇を正当とするとした。経歴詐称があれば，原則として解雇は有効とする立場は取られていない。

【判例120】
日本精線事件・大阪地判昭和50・10・31労判241号39頁

(事実)　申請人はステンレス鋼線製造などを営む被申請人会社に試用期間3か月（更新あり）付で中途採用の労働者。被申請人に本工として採用されるには，3か月以上勤務したとき，本工採用試験を受験する必要があるとされていた。しかし，申請人は，約8か月勤務したが，経歴詐称（大学中退なのに高卒，入社歴のない職歴記載）を理由に解雇された。

(判旨)　判決は，被申請人の懲戒解雇の規定の規定に言及した後，「試用期間中は前記のようなこれをおく趣旨に鑑み，右適格性等の判定に当たっては，就業規則等に定められた解雇事由や解雇手続等に必ずしも拘束されない解雇権が留保されているものと解するのが相当である。」「試用期間中の従業員について経歴詐称の事実が発覚した場合において，使用者が前記留保された解雇権を行使して当該労働者を従業員として不適格と認め解雇することは，その詐称された事項が当該企業における当該職種の従業員の合理的採用基準に照らし重要でないとか，経歴詐称が労使間の労働契約関係を維持することを著しく困難ならしめる程のものでないと認められるような場合を除き，正当として是認されるべきである。」等と述べ，解雇の効力を肯定した。

【判例121】
小太郎漢方製薬事件・大阪地決昭和52・6・27労判282号65頁

(事実)　申請人は，被申請人漢方薬製造販売会社に人事課員として2か月の試用期間付で中途採用されたが，経歴詐称（京都経理専門学校を卒業しなかったのにしたと記載）と仕事上のミスを理由に本採用を拒否された。

(判旨)　判決は，本件ミスは「極度の精神的緊張による一時的な現象であり，仕事に慣れることにより二度と起こりえないような性質の過誤であった」とし，また，「経歴詐称の事実も，試用期間の趣旨・目的に照らし，それが留保された解約権の行使としての解雇を社会通念上相当として是認せしめるような客観的に合理的な理由にあたるかどうかという観点から評価されなければなら」ないとして，三菱樹脂事件最判を引用した後，本件経歴詐称は「軽微なものといわざるをえず，それが申請人の職業能力ないし職業的適格性の判断に決定的影響を及ぼすとものとはとうてい考えられない。」とした。

【判例122】
三愛作業事件・名古屋地決昭和55・8・6労判350号29頁（名古屋高決昭和55・12・4労民集31巻6号1172頁─地位保全の期間等を変更）

労働契約締結過程

第4章　労働契約の成立

(事実)　申請人は，被申請人に3か月の試用期間付で中途採用され，船内荷役作業に従事していたが，学歴（大阪市大中退を高卒と記載）及び職歴詐称を理由に解雇された。

(判旨)　判決は，次のように述べた。「本採用者に対して認められている一般の解雇事由は，特に性質違反しない限り試採用者に対しても承認されなければならない。例えば就業規則に懲戒解雇事由が掲げられている場合，これに該当するときは，試用者といえども解雇を免れることはできない。そのほか本採用者にはみられない試採用者に対してのみ適用され瑠特有の解雇事由が考えられる。それは結局採用決定後に，その者の職業能力または業務適性を否定することが客観的に相当であると認められる事実が判明した場合であり，このようなときも右解約権を行使することができる」。「本件における経歴詐称またはこれにより秘匿された事実は，……申請人の港湾荷役作業員としての能力，適性を否定するに足りるものであるということはできない。すると試採用契約条特有の解約事由も認められない。」

【判例123】
乙山事件・福島地いわき支判・昭和59・3・31判時1120号113頁

(事実)　原告は，被告（海運業の会社）に3か月の試用期間付で中途採用された作業職員であるが，入社が1か月足らずで，職歴・経歴詐称（高校での成田闘争参加等の政治活動による自宅謹慎処分された事実の秘匿）を理由として解雇された。被告の就業規則27条3項「見習期間中又は見習期間終了の際，引き続き従業員として勤務されることが不適当と認められる者については32条に従い解雇する。」32条は，本採用職員について，「やむを得ない業務の都合による場合」など普通解雇事由がある場合には解雇するとしていた。

(判旨)　判決は，本件「職歴及び処分歴詐称の事実は，各独立には解雇理由とはなり得ないものであり……原告が被告会社における港湾荷役作業職員としての能力，適格性を欠くものということはできない」から，解雇は無効であるとした。

【判例124】
アクサ生命保険ほか事件・東京地判平成21・8・31労判995号80頁

(事実)　原告は，被告（生命保険会社）に6か月の試用期間付きで中途採用され，サービスレベルを維持向上することを目的とする業務（係長相当職）に従事していたが，訴外A者勤務の経歴を隠した等の理由で解雇された。

(判旨)　判決は，「試用期間中の（普通）解雇は，採用決定の当初にはその者の資質，性格，能力などの適格性の有無に関連する事項につき資料を十分に得ることができないため，後日における調査や観察に基づく最終決定を留保する趣旨でされた留保解約権の行使であるから，通常の（試用期間中でない）解雇よりも緩やかな基準でその効力を判断すべきであるが，試用期間の趣旨，目的に照らし，客観的に合理的理由があり，社会通念上相当として是認されるものであることを要する。」とした上で，「原告は『フリーランス』と説明して他社への勤務の事実を明らかにしたと主張するが，『フリーランス』では企業名が明らかではなく，この程度の説明で係争中であったJ社の就労を説明したものと同様の扱いをすることはできない。そうすると，J社に正規社員として雇用された事実が必ずしも明らかではなく，

第 3 節　試 用 期 間

また同社との係争の事実が経歴に含まれないとしても，同社への就職及び解雇の事実を明らかにしなかったことは，金融機関における業務経験とインベストメント・プロジェクトの管理・運営等の業務に対する高度の知識を求めて求人を行っていた被告会社が原告の採否を検討する重要な事実への手掛かりを意図的に隠したものとして，その主要部分において，「経歴詐称」と評価するのが相当である。」

(5)　その他労働者側の事由

労働者側の事由に基づく試用期間中の解雇（留保解約権）行使の事案は，上記の他，様々な理由に基づくものがある。以下，特徴のある若干の判例（判例 125 から判例 127）を取り上げる。判例 125 は，試用期間中の犯罪容疑による逮捕・拘留を理由とするものであり，当該試用労働者が確実に労務提供することを期待できない場合のみならず，それを期待することができるか否かが不明な場合も解雇できるとした。判例 126 は，試用期間中，組合に加入していないのにストに同調して欠勤したことを理由とする解雇という珍しい事案であり，組合に加入後はこのような問題は起こらないとされた。判例 127 は，試用期間中に，「特定の宗教，思想，政治等の活動は一切行わない」旨の誓約書を作成しなかったことを業務不適格性の理由とすることはできないとしたものである。

【判例 125】
モービル石油事件・東京地判昭和 51・3・24 労判 248 号 34 頁（東京高判昭和 52・9・29 －原判決維持）

事実　申立人は，試用期間 6 か月付で中途採用され，被申請人会社の研究所技術室試験課に勤務していたが，勤務開始後，2 か月余りで凶器準備集合罪，公務執行妨害罪，霜害罪，現住建造物放火罪容疑で逮捕され，引き続き勾留され解雇された。

判旨　判決は，「試用期間中の従業員に右のような能力ないし適性がないというのは，……長期間欠勤するとか，断続的に欠勤を繰り返すなどの状態を続けているため，その従業員につき将来も所定の勤務時間および勤務場所において確実に労務の提供がなされることを期待することができないか，または，それを期待することができるか否かが不明であると認められる場合をも当然に含むと解すべきである」とした。

【判例 126】
徳島造船事件・福岡地判昭和 51・4・27 労判 253 号 30 頁

事実　原告は，造船業を営む被告に 3 か月の試用期間付で中途採用された工員である。試用期間中，本工ストに同調して欠勤したことを理由とする解雇。

判旨　判決は，被告会社はもともと無届を含め欠勤の取扱いは厳格でなく，さらに，「本件欠勤の動機からみて通常のいわゆる怠惰癖などからする欠勤とは異なり原告らが本採用となり組合に加入した後はこのようなことは二度と発生しないことと考えられる」ので解雇権の濫用となるとした。

労働契約締結過程　77

第4章　労働契約の成立

【判例127】
マルヰ製氷食品事件・山形地判昭和58・8・7労判付録375号31頁

(事実) 申請人は，6か月の試用期間付でパチンコ競技場用景品販売等を営む被申請人会社に採用され，小売りの製造，販売等に従事していたが，「特定の宗教，思想，政治等の活動は一切行わない」旨記載された誓約書を提出しなかったことを理由に解雇された。

(判旨) 判決は，本件「制約は，個人の精神的自由を結えなく拘束するののとして違法の疑いがあり，……かかる違法の疑いがある文言を残したまま右誓約書を作成することを躊躇した申請人の態度には無理からぬものがあったと認められ」，申請人の業務不適格性の理由とすることはできない。

(6) 人員整理

試用期間中の人員整理を理由とする解雇の判例も少数ながら存在する（判例128から判例130）。試用期間が労働者の適格性を判断する期間であるとすると，使用者の経営上の都合を理由に解雇する場合には，通常の解雇と区別する理由はなく，整理解雇の法理がそのまま適用されると解される。その意味で，これらの3つの判例の結論は妥当といえる。因みに，判例128は，「試用の目的，すなわち授業員としての適格性の判断が留保されているのみであり」，整理解雇につき，「他の本採用労働者に比して緩やかに考えることはできない。』とした。

【判例128】
ニッセイ電機事件・長野地判昭和49・4・3労判231号61頁（東京高判昭和50・3・27労判231号58頁—原審判決維持）——前掲判例100と同一事件

(事実) 原告は，被告（電機会社）に試用期間3か月付で中途採用され，機械設計業務に従事してきがが，試用期間中に就業規則9条「やむを得ない業務上の都合」に基づき，ドルショックを理由に整理解雇された。被告の労働協約13条には試用期間中従業員として不適当と認められた場合には，引き続き使用しないと定めていた。

(判旨) 判決は，被告の就業規則と労働協約の規定に照らし，『試用期間中であるかといって，……試用の目的，すなわち従業員としての適格性の判断が留保されていたのみであり，……解雇事由の適用においても，他の本採用労働者に比してゆるやかに考えることはできない。」とした。そして，「解雇できる事由が列挙されている場合，その規定の解釈は厳格になされるべきところ，右規定に列挙されている他の解雇事由と対比してみると，右『やむを得ない業務上の都合』とは，当該従業員を解雇しなければ，会社の事業経営を遂行することができない場合をいう」として，本件では到底そのような状態にあったとはいえないとした。

【判例129】
常磐生コン会社事件・福島地いわき支決昭和50・3・7労判229号64頁（前掲判例83と同一の判例）

(事実) 申請人は被申請人会社に3か月の

試用期間付で採用され，本社工場試験係として勤務してきたが，成績不良の他，人員整理を理由に解雇された。

判旨 判決は，本件試用期間付雇用契約を解約権留保付と捉えた上，「会社が人員整理をしなくては存立を危くさせられるが如き切迫した状況を呈していることは窺えられず，それは会社が申請人の解雇事由として人員整理を勤務成績不良と併せて掲げたのは成績不良ということが申請人の将来を傷つけかねないことを考慮したという面もある旨答弁していることからも表象されるものであり，又，本件解雇は前記の如く申請人にとってその処分が勤務成績不良といわれる所為との間で均衡性を欠き客観的妥当性を有しておらないことを合わせ考えると，かかる状況下でなされた解雇は決して許されるべきものでなく，人員整理に藉口したものといわざるをえず，本件解雇が無効であることに変りはない。なお，申請人が試用期間中の従業員であっても，正規の従業員として取り扱われなくてはならず，試用期間中の従業員であるからといって安易な解雇が許されないことは前記のとおりである。」とした。

【判例130】
ケイビィ事件・大阪地判平成20・9・26 労経速205号26頁

事実 原告は，被告（ネット通信販売会社）に3か月の試用期間付で採用されネット通信販売の業務に従事し，また会社の代表者の求めに応じ投資顧問業を目的とした会社を設立し代表取締役となったところ，試用期間中，試用期間満了の約1週間前に他の従業員とのトラブルや人員整理を理由に解雇された。

判旨 判決は，試用期間に触れず（会社が試用期間の性格を主張していない），解雇を無効としたが，原告が解雇後2か月後に転職しているとして賃金2か月分に相当する損害の賠償を認めた。

第4節　試用期間と有期労働契約

　ところで，労働契約締結時に，雇用に関して付した期間が雇用存続期間なのかそれとも試用のための期間なのかという点が争われる事件が多い。これについて先鞭を付けたのは，おそらく，**判例131**であると思われる。同事件では，申請人労働者は試用期間を付して採用されたといい，被申請人会社は臨時工として採用したと争った。徳島地裁は，採用実態，本工への昇進や労働条件・勤務実態，会社の説明内容，本件解雇通知書の「試傭期間の採用を取り消します。」との記載等の事実関係を検討し，申請人は試用期間付で無期雇用されたのであり，その雇用契約には解約権が留保されていたと判示した。その後，最高裁は，神戸弘陵学園事件（**判例132**）において，「雇用契約に期間を設けた場合において，その設けた趣旨・目的が労働者の適性を評価・判断するためのものであるときは，右期間の満了により右雇用契約が当然に終了する旨の明確な合意が当事者間に成立しているなどの特段の事情が認められる場合を除き，右期間は契約の存続期

間ではなく，試用期間であると解するのが相当である。」との一般論を提示した。

この判決の後，一般論を引用または引用せず，「特段の事情」の存否を検討する判例が多数現れた（**判例133**，**判例134**，**判例135**）。また，最高裁の前掲**判例132**を引用せず，事実認定から解約権留保付労働契約であるとする判例や（**判例136**，**判例137**），非常勤講師として雇われた者について，「初年度は非常勤講師の地位にあるが，次年度以降は専任教諭としての教育職員として適性において不相当であると認めるべき事由の存しないことを停止条件として専任教諭として雇用する旨の教育職員雇用契約である」とするものがある（**判例138**）。なお，最高裁の前掲**判例132**引用せず，試用期間であることが，否定された例として，**判例139**や**判例140**がある。

これらの判例とは異なり，研修性としての在籍期間を2年とし，同期間内に予備研修期間と第1次から第5次研究機関の6つの研修期間を設けてその期間ごとに研修性としての適格性を審査し，適格とされた場合に限り再採用するとの保険代理店研修制度は，2年の1個の連続して雇用契約であり，各研修期間満了の時点で解約権が留保されていると解されるから，再採用拒否は留保解約権の行使に当たるとしたものがあり（**判例141**），反対に，最長通算3年の期間で1年更新の有期雇用契約で雇入れ，3年間満了の時点で正社員としてのと用を決定する旨の1年の有期労働契約で採用された客室乗務員の2度目の更新拒絶が認められた（**判例142**）がある。こうしたことから，前掲**判例132**の妥当性とその先例的定義が問われる状況に至っている。

【判例131】
光洋精工事件・徳島地判昭和45・3・31労民集21巻2号45頁
（前掲判例86と同一の判例）

事実 申請人は，徳島工場の機械工として不定期採用された臨時工であるが，被申請人会社では新卒定期採用であるか否かにかかわらず，臨時工は将来本工に昇進することを前提に雇い入れられ，1年内に工員としての適格性がないと判断され解雇されない限り，当然引き続き工員として雇用されるとの慣行があった。被申請人は，申請人を解雇した後，期間中の解雇が無効であっても，1年の雇用期間が満了したから雇用契約は終了していると主張した。

判旨 「右認定事実を綜合すれば，申請人と被申請人との間に成立した雇傭に関する合意の内容は，期間を1年と限定されたいわゆる臨時工契約ではなく，初期1ケ年のみにつき被申請会社側で申請人に本工として適格性ありや否やの判定をしうる期間を置いたいわゆる試傭契約の伴った期間の定めのない継続的な雇傭契約であり，その法律上の性質は申請人が，右期間内に解雇されることなく右試傭期間が満了すれば，本工（法律的には期間の定めのない雇傭契約にもとづく従業員たる地位，以上本工とある語はこの意味に使用する）に登用する方式について，被申請人側で特段の定めをしていない本件においては格別の手続を要せず直ちに上記の本工に昇格（期間の定めのない雇傭契約に付せられた附款の消滅ないしは右期間の定めのない雇傭契約そのものへの移行）するが，被申

第4節　試用期間と有期労働契約

請人が勤務成績，技能，健康状態などから本工として不適格と判定された場合は被申請会社側から就業規則のなかで自から付した解雇制限の規定によることを要せず，上記の理由の存在のみで直ちに解雇することができるという大巾な解約権が留保されている契約であると解するのが相当である。」

【判例132】
神戸弘陵学園事件・最3小判平成2・6・5労判564号7頁

事実　上告人は，昭和59年3月1日の面接で被上告人の理事長から，採用後の身分は常勤講師とし，契約期間は一応同年4月1日から1年とすること及び1年間の勤務状態を見て再雇用するか否かの判定をすることなどにつき説明を受けるとともに，口頭で，採用したい旨の申出を受け，契約期間につき理事長が「一応」という表現した。また，上告人は，その際に，理事長から「雲雀が丘は断って，うちで30年でも40年でもがんばってくれ。」とか「公立の試験も受けないでうちへきてくれ。」とか言われた旨供述していた。上告人が署名捺印した期限付職員契約書には，上告人が昭和60年3月30日までの一年の期限付の常勤講師として被上告人に採用される旨の合意が上告人と被上告人との間に成立したこと及び右期限が満了したときは解雇予告その他何らの通知を要せず期限満了の日に当然退職の効果を生ずることなどの記載がされていた。しかし，上告人が右期限付職員契約書の交付を受けたのは本件雇用契約が成立した後で，これに署名捺印したのは同年5月中旬であった。

判旨　「使用者が労働者を新規に採用するに当たり，その雇用契約に期間を設けた場合において，その設けた趣旨・目的が労働者の適性を評価・判断するためのものであるときは，右期間の満了により右雇用契約が当然に終了する旨の明確な合意が当事者間に成立しているなどの特段の事情が認められる場合を除き，右期間は契約の存続期間ではなく，試用期間であると解するのが相当である。そして，試用期間付雇用契約の法的性質については，試用期間中の労働者に対する処遇の実情や試用期間満了時の本採用手続の実態等に照らしてこれを判断するほかないところ，試用期間中の労働者が試用期間の付いていない労働者と同じ職場で同じ職務に従事し，使用者の取扱いにも格段変わったところはなく，また，試用期間満了時に再雇用（すなわち本採用）に関する契約書作成の手続が採られていないような場合には，他に特段の事情が認められない限り，これを解約権留保付雇用契約であると解するのが相当である。そして，解約権留保付雇用契約における解約権の行使は，解約権留保の趣旨・目的に照らして，客観的に合理的な理由があり社会通念上相当として是認される場合に許されるものであって，通常の雇用契約における解雇の場合よりもより広い範囲における解雇の自由が認められてしかるべきであるが，試用期間付雇用契約が試用期間の満了により終了するためには，本採用の拒否すなわち留保解約権の行使が許される場合でなければならない。」

「本件雇用契約締結の際に，1年の期間の満了により本件雇用契約が当然に終了する旨の明確な合意が上告人と被上告人との間に成立しているなどの特段の事情が認められるとすることにはなお疑問が残るといわざるを得ず，このような疑問が残るのにかかわらず，本件雇用契約に付された1年の期間を契約の存続期間であるとし，本件雇用契約は右1年の期間の満了により終了したとした原判決は，雇用契約の期間の性質についての法令の

第 4 章　労働契約の成立

解釈を誤り，審理不尽，理由不備の違法を犯したものといわざるを得ず，右違法は判決に影響を及ぼすことが明らかである。」

【判例 133】
学校法人聖パウロ事件・最 3 小判平成 9・2・25 労判 740 号 85 頁

(判旨)「原告や同時に採用されたTは，面接や採用に当たって，専任講師の雇用期間が一年である旨の説明は全くなかったと反対の供述をしており……，被告が原告を採用したのは，宗教科の教諭の結婚による退職を補充するためであり，原告の採用を短期に限定する理由はなかったこと，原告がそれまでの勤務先を退職して被告に就職したこと，就業規則において専任講師の身分が教諭と区別されていないだけでなく，原告の仕事内容は受持科目の授業の外，校務の分掌等教諭と異なることはなかったこと，採用にあたって原告に交付された文書（採用通知，辞令書）には雇用期間について何ら記載がなかったことの各事実に加え，成立に争いがない（証拠略）によれば，平成 4 年 8 月 5 日付で被告が行った求人依頼には，採用条件として，採用身分を専任講師とするが，採用から 1 年以上良好な成績で勤務した者は教諭として正式採用する旨記載されており，雇用期限については明示されていなかったことが認められるのであるから，原告が，被告との雇用契約について，1 年間の期限の定めのあるものであると了解していなかったことは勿論，被告においても，期限付の雇用を前提としていたとは認められない。これに反する前記被告代表者らの供述は信用できず，前掲（証拠略）は，いずれも本件の紛争が生じた後に交付されたものであるから，原告を採用した当時の被告の認識を示すものではなく，他に原告と被告との雇用契約に期限の定めがあったと認めるに足りる証拠はない。」「本件において，原告は，……，専任講師として採用されてから，他の教職員と変わらず授業や校務を担当し，その身分・処遇について教諭とは何ら異なる扱いを受けていなかったのであり，……原告と被告との間で試用期間満了をもって当然に雇用契約が終了する旨の合意があった等の事情が認められないことからすれば，試用期間が設けられた意義は解約（ママ）留保権付雇用契約と解するのが相当である。」

【判例 134】
久留米信愛女学院事件・福岡地久留米支判平成 13・4・27 労経速 1775 号 3 頁

(判旨)「(ｱ)採用面接において，A校長は原告に対して期間が 1 年の常勤講師契約であると説明しており，常勤講師契約書にも同様の記載があり，原告は常勤講師契約書に署名押印していること，(ｲ)被告においては，平成元年以降，期間 1 年の常勤講師契約を締結した上でその期間内に教員としての適格性を判断し，適格性があると判断した場合に専任教諭としての辞令を交付しており，A校長は原告との面接の際にも，期間内に教員としての適格性を見る旨伝えていたこと，(ｳ)民法，労働基準法等の労働法規には，労働契約締結に際して期間を設定するに当たり，その期間の趣旨・目的に格別の制限を設けておらず，適格性判断の目的で有期契約を締結することも可能であること，(ｴ)学校教育は 1 年を単位に行われており，1 年間という期間も合理的なものといえることからすると，本件常勤講師契約は 1 年間という期間が定められた契約であるが，期間の満了により契約が当然に終了

第 4 節　試用期間と有期労働契約

する旨の明確な合意が当事者間に成立しているなどの特段の事情は認められないので，その期間は契約の存続期間ではなく，試用のために設定されたものであって，雇止めには適格性判断の観点から客観的に合理的で社会通念上相当な理由を要する契約であると解するのが相当である。」

【判例 135】
社会福祉法人愛徳姉妹会事件・大阪地判平成 15・4・25 労判 850 号 27 頁

判旨　「本件において，本件期間の満了により本件労働契約が当然に終了する旨の明確な合意が原告と被告との間に成立しているなどの特段の事情が認められるか否かを検討する。」「本件契約書の前記文言は，本件期間満了後も継続して雇用される可能性があることを前提とするものであって，その反対解釈からすれば，本件期間満了後に（本）採用された場合には本件労働契約は存続する，すなわち，本件期間が試用期間であるとも解釈できないわけではないから，同契約書に本件期間が『雇用期間』として記載されているからといって，必ずしもそれが存続期間としか解釈できないものではない。また，本件期間を試用期間であるとすれば就業規則上 3 か月とされていることと整合しなくなる点についても，逆に，被告が主張するように本件期間を存続期間と解釈すると，……原告が月給制の給与の支給を受けている以上，被告における職員の名称及び給与規定からすれば，原告は嘱託雇用契約によって雇い入れた嘱託職員であることになるが，……原告に対する辞令や本件契約書等にも嘱託職員のある旨の記載がないし，A 施設長においても，嘱託職員は定年後に雇用期間を定めて再雇用した職員のことであるとしている（〈証拠略〉）ことからしても，今度は被告の職員の名称等の規程と整合しなくなることに変わりはなく，前記の点についても本件期間を存続期間と解釈する有力な根拠になるとは必ずしも言い難い。しかも，……A 施設長の本件発言や本件求人票の記載，そして……被告が平成 11 年度以降，本件に至るまで毎年産業雇用安定センターに受入情報を提供して求人を依頼し，職員を採用していることからすれば，被告において原告を雇用した平成 13 年度に限って期限付きの職員を採用する必要があったとも認め難く，むしろ，A 施設長の前記発言は，本件期間が試用期間であることを強く推認させるものである。また，原告は，……前勤務先の経営破綻により，3 人の扶養家族を抱えているため，当然長期雇用を念頭に求職活動をしていたと推認され，しかも，産業雇用安定センターにて期間の定めがないかのような記載のある本件求人票やその旨の説明を受けて被告に応募し，本件面接時においては，被告の提示した賃金等の条件よりもよい条件で期間の定めのない従業員としての就職が内定していたのであるから，本件面接の際に，被告から本件労働契約が本件期間の満了により当然に終了し，雇用継続の可能性のないことが明示されていた場合には，原告は被告に求職しなかったことは容易に推認できるところである。さらに，……原告は被告に採用が内定した後，A 施設長からの依頼により，未だ前勤務先を退職しておらず，有給休暇を消化している段階であったため，被告から賃金の支払を受けるのを辞退してまでも，直後からボランティアとして今後担当する職務に従事しているのも，原告が本件期間満了後の雇用の継続を期待していたことを推認させる事実というべきである。」これらの点を総合考慮すれば，特段の事情は認められず，本件期間は試用期間であると解するのが相当である。

第4章　労働契約の成立

【判例136】
ケイズ事件・大阪地判平成16・3・11労経速1870号24頁

事実　原告は，帽子等の製造販売を営む会社に3か月の試用期間付で採用されたが，約1か月後に，同業他社に夫がいて秘密漏洩のおそれがあるなどの理由で解雇された。

判旨　「試用期間付雇用契約の法的性質については，試用期間中の労働者に対する処遇の実情や試用期間満了時の本採用手続の実態等に照らしてこれを判断するほかないところ，試用期間中の労働者が試用期間の付いていない労働者と同じ職場で同じ職務に従事し，使用者の取扱いにも格段変わったところはなく，また，試用期間満了時に再雇用（すなわち本採用）に関する契約書作成の手続が採られていないような場合には，他に特段の事情が認められない限り，これを解約権留保付雇用契約であると解するのが相当である。　これを本件についてみるに，前記認定事実によれば，原告は，試用期間の付いていない労働者と同じ職場で同じ職務に従事し，使用者の取扱いにも格段変わったところはなかったと認められる。試用期間満了時に再雇用（本採用）に関する契約書作成の手続が採られていたとは認められないし，他に特段の事情も認められないから，本件雇用契約は，解約権留保付雇用契約であると解するのが相当である。」同業他社に漏洩するおそれがあるというのであれば，秘密保持のための適宜の措置をとればよいのであって，原告の配偶者が被告の同業他社に勤務していることをもって，本件解雇を正当化するような合理的な理由に当たるということはできない。

【判例137】
瀧澤学館事件・盛岡地判平成13・2・2労判803号26頁

事実　期間の定めのある雇用契約であるから，同契約の更新がなされなかったことについての合理的理由があるから，期間満了時をもって終了したというべきだと主張した。

判旨　「原告と被告間の本件契約に際しては，未だ被告において国語科の教員についての採用予定が充足されていない状態にあり，このような状況の中で，本件高校において専任教諭として勤務することを希望していた原告に対し，被告の職員の採用事務等の担当者であったA課長から，今後1年間の勤務状況を見て問題がなければ専任教諭とする旨の話があり，これを信頼した原告は，他の学校からの就職の誘いも断り，平成8年4月から1年間，本件高校の常勤講師として，他の教員と変わらない職務を担当させられてきたこと等に鑑みれば，本件契約の期間は，その満了により雇用契約が当然に終了するとの趣旨のものではなく，原告の適性を評価，判断するための試用期間であったというべきである。そして，上記認定の各事実に照らせば，その法的性格は解約権留保付雇用契約であると解するのが相当である。」

【判例138】
三浦学苑事件・横浜地横須賀支判平成4・4・10労判606号10頁

判旨　「被告が，新規教育職員を初年度非常勤講師，次年度以降専任教諭として雇用する場合，初年度の雇用条件は非常勤講師勤務規程（〈書証番号略〉）に，次年度以降のそれは専任教諭として前記就業規程（〈書証番号略〉）にそれぞれ従う。そ

第4節　試用期間と有期労働契約

して被告は，初年度の非常勤講師として勤務する一年間を，次年度以降専任教諭として引き続き就業させることが相当であるか否か，その適性を判断するための期間としても利用し，運用していた。この雇用形態は，規程上は明確なものではないが，この点において，前示した臨時的な教育職員としての性格で一貫した非常勤講師の場合とは画然とした相違点を示す。してみると，初年度非常勤講師，次年度以降専任教諭とする雇用形態は，必ずしも臨時的な教育職員としての性格で一貫した制度とはいえず，継続的雇用形態の実質を備えた変則的なものである。したがって，かかる雇用形態の法的性質は，初年度は非常勤講師の地位にあるが，次年度以降は専任教諭としての教育職員として適性において不相当であると認めるべき事由の存しないことを停止条件として専任教諭として雇用する旨の教育職員雇用契約であると解するのが相当である。……前記雇用形態のもとに，被告が原告を専任教諭とせず，雇止めをするについては，その雇用の性質からして通常の場合における解雇の場合よりもより広い範囲の雇止めが許されると解して妨げない。しかし，それは決して恣意的なものであってはならず，客観的に合理的理由があり社会通念上相当として是認されるものでなければならない。」

【判例139】
ロイター・ジャパン事件・東京地判平成11・1・29労経速1699号16頁

(事実)　報道通信を営む会社に翻訳担当記者として期間1年と書かれた通知書で採用された原告が，形式上1年とされているが，その地位は半永久的なもので，1年後には契約更新か正社員となると説明されたなどとして，雇用終了通知は解雇に該当すると主張した。

(判旨)　「被告は，この平成5年の募集で，最終的に原告を含めて7名のトランスレーターを採用したが，そのうち，契約書に該当する前記通知書に雇用期間を1年とすることが記載されていたのは原告のみであり，他の6名は，被告との間で期限の定めの記載のない通知書をもって雇用契約を締結している。……被告が，原告とその他のトランスレーターとで通知書の記載を異にしたのは，試験結果によるものであった。すなわち，第一次面接の際，原告の印象が暗く，面接担当者との会話も円滑に進行しないなどの面があり，Aとしては，入社後職場における意思疎通に問題が生じるのではないかとの危惧を抱いたものの，7名のトランスレーターを確保しなければならないとの判断で，原告を最終面接に残すことにしたが，最終面接におけるB編集局長の印象もAと同様であり，原告の採用に極めて消極的であったので，最終面接が全て終了した時点で，B編集局長とAは，妥協案として，原告を期限付きの契約社員として採用し，1年後に契約を延長するか，正社員にするか，契約を打ち切るかを決定するという結論に至ったからであった……。被告にとって，契約社員として原告を採用するのは異例のことであったというべきで，したがって，通知書（書証略）の期限の定めを形式的なものとする認識は全くなく，文字通り期限付きの雇用契約を締結する意思で，右通知書を作成したものということができる。そして，原告においても，Cの発言から期限満了後も契約の更新や正社員への採用があるとしても無条件ではないことを認識し，その上で前記のとおり，通知書に署名していること，さらに前記のとおり，Aから中間パフォーマンス・レビューの結果の説明を受ける際，原告の雇用期間が1年である旨説明され

労働契約締結過程　85

て異議を述べていないことなどに照らせば，原告としても自分が期限付きの契約社員であることを認識していたというべきである。」

【判例140】
報徳学園（雇止め）事件・大阪高判平成22・1・12労判1062号71頁（最1小決平成22・9・9上告不受理決定）

(事実) 被告・控訴学校法人に期間1年と定めて非常勤講師として採用された原告・被控訴人が，採用の際に校長から「1年しっかり頑張れば専任教諭になれる」といわれ，その後，2回契約更新され，雇止めされた。一審（神戸地尼崎支判平成20・10・14労判974号25頁）は，「本件各雇用契約は……試用期間としての趣旨を含む」とし，原告に被告の常勤講師としての適性等の問題はなく，更新上限の限度について十分の説明がなされ，原告の納得を得ていた事情がないから，雇止めは合理的とはいえないとして，原告の地位確認請求を認容したので，被告が控訴した。

(判旨) 「控訴人における常勤講師制度は1年間の有期雇用契約であって，専任教諭採用のための試用となったことがあるとすれば，結果として生じた副次的なものであり，業務の内容は，授業，クラブ活動指導等の点では基本的に専任教諭と同様であった面はあるものの，本件当事者間での契約は3回にとどまっていたものである。被控訴人は，B校長の発言により専任教諭への登用を期待したが，常勤講師契約とは別の契約に移行することの期待であったというべきである。」

【判例141】
安田火災海上保険事件・福岡地小倉支判平成4・1・14労判604号17頁

(事実) 一応，就業規制やしおり，研修生再採用通知書，再採用申請書等の書類上は，「再採用」「再採用基準」という文言が用いられ，就業規則では，各研修期間が終了した場合は退職する旨規定されていた。しかし，他方，代理店研修制度は，通算3年間を教育期間と定め，右通算3年間にわたる研修カリキュラムのスケジュール（教育課程）が組まれていること，その教育内容も，右3年間を通して続けられるもの（ビデオ視聴），2つの研修期間にまたがる実施が予定されているもの（講習），2年ないし3年間のうちに定期的企画されているもの（研修会議，集合教育）が存在すること，給与体系においても，各考課の時点で，次の研修期間，場合によっては2つ先の研修期間の一部までの給与の額を定める仕組みになっていること，原告は，入社時に，予備研修から第五次研修期間まで全部の説明を受けていること，また，被告は，採用時及び再採用申請時に，研修期間全課程を終了した場合は，専属専業代理店となることを誓約事項の1つとしていること，研修生となるためには前職は退職（廃業）済みであることが要求されていること，採用時の身元保証契約の期間が2年間とされていた。

(判旨) 本件の事実によると，「少なくとも2年間の研修期間は，連続かつ一貫した教育期間であり，原告及び被告の双方とも，研修生としての採用時点において，それぞれの研修期間において各基準を満たした上，その次の階段に進み，やがては代理店として独立することを予定し，期待していたものというべきである」から，「前記就業規則等における『退職』や『再

第 5 節　有期労働契約の試用期間等

採用』の文言は，決して厳格な法律的意味において，各研修期間の満了毎に雇用契約が終了し，新たに雇用契約を締結しなければ，次の段階の研修期間に進めない趣旨であると解するのは相当ではない。むしろ，代理店研修生の2年間は，連続かつ一貫した教育課程が組まれ，2年間を通して被告の各営業店に配属され，特定の担当者の下で，現場の保険募集業務を中心に指導を受けることになっていること，給与体系も，各考課毎に漸増する一貫したものになっていることなどからみて，本件研修期間は，2年間を通して1個の連続した雇用契約であり，ただ，各研修期間満了時点において，それぞれ解約権が留保されているものと解するのが相当である。したがって，本件雇用契約が各研修期間の満了により終了するためには，留保解約権の行使（再採用の拒否）が許される場合でなければならないと解すべきである。」

【判例142】
日本航空事件・最3小判平成25・10・22労経速2194号11頁——上告棄却・上告不受理決定，東京高判平成24・11・29労経速2194号12頁

(事実)　一審原告は，1年の有期労働契約で採用された客室乗務員であったが，一審被告会社の募集要項には，「雇用形態は1年間の有期限雇用，但し，契約の更新は2回を限度とし，3年経過後は，本人の希望・適性・勤務実績を踏まえて正社員への切り替えを行います。」と記載されており，また，被告会社は，組合との団体交渉において，「余程のことがない限り契約更新するのは当たり前です。」などと発言していた。こうした事情の下で，原告は，2回目の更新を拒否された。一審（東京地判平成23・10・31労経速2130号3頁）は，解雇権濫用法理を類推適用して，雇止めは濫用にあたらず有効とした。二審も最高裁もこれを維持した。一審は，雇止めに関して，次のように判示した。

(判旨)　「本件雇用契約は，契約期間の存在が明記され，また，業務適性，勤務実績，健康状態等を勘案し，被告会社が業務上必要とする場合に契約を更新することがあるという条件が明示され，契約の自動更新について何らの定めがない雇用契約であるから，……認定事実を考慮にいれても，契約社員の2年目契約が自動的に更新されることあるいは雇用期間が通算3年に達した後に正社員として雇用されることが原告と被告会社間の雇用契約の内容となっているということはできない。したがって，契約社員の雇止めについて，当然に解雇権濫用法理の適用がある旨の原告の主張は採用することができない。」

第 5 節　有期労働契約の試用期間等

　ところで，学説の中には，試用法理は正社員の採用過程を想定したものであり，試用的な労働関係が期間雇用契約として営まれる場合は，期間雇用として取扱い，その使用目的という実態に応じて雇止めの有効性を判定すべきであるとの見解（菅野和夫『労働法（第10版）』（弘文堂，平成24年）201頁）もある。これと関連して，最近の判例の中には，さらに注目すべき判例が出現してきた。例えば，14日の試用期間付の有期労働契約に

おける試用期間中の解雇の有効性が争われた事件（**判例143**）や前半6か月を試用期間とする期間1年の有期労働契約における試用期間中の解雇の有効性が争われた事件（**判例144**）なども出現している。また，研修期間は試用期間ではなく，その期間中に検定試験に合格しない場合には，期間満了で雇用契約は終了するとした判例（**判例145**）がある。

【判例143】
フジスタッフ事件・東京地判平成18・1・27労経速1933号15頁

事実 被告は，NHKの受信料回収などを行うための14日の試用期間の付いた有期雇用契約（8月8日〜9月30日間）の原告（派遣社員）の採用を採用したが，2日後に派遣業務に不適当（(研修中の遅刻，忍耐力がなく自己中心的な言動が顕著)）として解雇した。

判旨 判決は，「有期雇用とはいっても自社の従業員として他社に派遣するので，当初の面接・面談あるいは応募者の履歴のみから被用者の能力や適性等の見極めが十全にできるものではなく，派遣社員の質や派遣会社の信用・評判等を維持するためにも自社の従業員を管理する必要があり，そのために認定事実におけるような契約条項により14日間（この期間中は解雇予告手当支給の対象外）の試用期間を設けているものと思われる。このような契約条項が基準法の強行法規に反するものとまでは考えられず，むしろ私的自治における契約の自由の範囲内による派遣会社の合理的な態様というべきであり，濫用に亘るような試用条項の適用実態があるということはできない。」

【判例144】
リーディング証券事件・東京地判平成25・1・31労経速2180号3頁

事実 原告は，被告との間において，期間1年の有期雇用契約を締結し，証券アナリストとして課長職の肩書で，被告本社のリサーチセンター室に配属された。同契約には，「当初6か月間は試用期間とし，被告は，本件試用期間の途中において，あるいは終了に際して，原告の人柄・技能・勤務態度等について，業務社員として不適格と認められた場合には本契約を解除する」旨の定めがあった。被告は，入社約2か月半後原告を解雇した。

判旨 「有期労働契約は，企業における様々な労働力の臨時的需要に対応した雇用形態として機能しているが，実際上，使用者は，かかる労働需要が続く限り有期労働契約を更新し継続することが多い。したがって，かかる有期労働契約においても，期間の定めのない労働契約と同様に，入社採用後の調査・観察によって当該労働者に従業員としての適格性が欠如していることが判明した場合に，期間満了を待たずに当該労働契約を解約し，これを終了させる必要性があることは否定し難く，その意味で，本件雇用契約のような有期労働契約においても試用期間の定め（＝解約権の留保特約）をおくことに一定の合理性が認められる。しかし，その一方で，上記のとおり労働契約期間は，労働者にとって雇用保障的な意義が認められ，かつ，今日ではその強行法規性が確立していること（以下これを「強行法規的雇用保障性」ともいう。）にかんがみると，上記のような有期労働契約における試用期間の定めは，契約期間の強行法規的雇用保障性に抵触しない範囲で許容されるものという

第6節　再　雇　用

べきであり，当該労働者の従業員としての適格性を判断するのに必要かつ合理的な期間を定める限度で有効と解するのが相当である。」この観点からすると，「本件試用期間の定めは，少なくとも原告との関係では，試用期間3か月の限度で有効と解され」る。

【判例145】
奈良観光バス事件・大阪地判平成23・2・18労判ダイジェスト1030号90頁

(事実)　原告は，被告（観光バスの会社）に2か月のバス運転の研修の受講及び検定の受検を内容とする労働契約締結して採用された観光バス運転手であるが，研修期間中のバス検定試験に不合格となり，会社は雇用請書の「研修期間内に雇い入れることが適当でないと認めたときは，予告無しで雇用を解除する。」旨の規定に基づき解除した，それが認められないとしても，期間満了で終了したと主張。

(判旨)　「本件雇用請書に記載されている『雇用登録期間』は，被告が原告に対し研修を実施し，バス運転者としての適性・能力を判定する期間である。また，新規採用者（研修生）が検定に合格しなかった場合，同人において研修が続行されるとの合理的期待を有することを基礎づけるような事実は見出せない。」留保解約権の行使ではなく、期間満了で終了した。

第6節　再　雇　用

1　再雇用について

　通常の採用と若干異なるのが，今まで雇用してきた労働者の定年後の再雇用の問題である。以下では，どのような場合に，使用者が再雇用義務を負うとされるかに関する判例を検討する。有期契約の反復更新後の更新拒絶に解雇権濫用法理が類推適用されるとする法理（現在は，労契法19条に根拠規定がある）や営業譲渡における労働契約承継の問題も広い意味では，この対象となるが。これらは，他のテーマで扱われると考えられるから，本書の埒外とする。

　まず，過去の定年退職後の取扱いの実態からみて定年後特段の事由がない限り，再雇用されるという労働慣行があり，同慣行に基づき，使用者は労働者を再雇用したものとした判例（判例146）がある。しかし，その後の判例は，労使慣行の存否を民法92条の事実足る慣習と捉えの存否を一定厳格な要件に照らして決定しており，定年後の70歳までの雇用期間延長の労使慣行に基づきを認めた判例（判例147）もあるが，再雇用や定年延長を容易に認めない傾向にある（判例148）。

労働契約締結過程　89

第4章　労働契約の成立

【判例146】
大栄交通事件・東京高判昭和50・7・24労判245号26頁（最2小判昭和51・3・8労判245号24頁―上告棄却）

事実　被控訴人（被上告人）ら2名は、控訴人会社の就業規則に基づき定年年齢55歳に達したタクシー運転手であり、控訴人は被控訴人らが定年退職したものと取扱い、退職金を支払ったが、被控訴人らはその受領を拒否して、労使慣行に基づいて、明示または黙示的に再雇用されたとして、地位確認請求を行った。

判旨　「一般に、老令による定年退職後の再雇用は、その時点での社会福祉政策の現状、退職後の経済的収入の確保など社会一般の老後の生活環境の考慮はもとより、当該企業への寄与程度、再雇用者の効率など諸般の事情を考察して、その要否が決定されるものであるが、現在では、55歳が定年である場合なお当該企業で何らかの形で再雇用すべき必要性が大きいことは一般に知られたところである。この現状によると、使用者が労働者を再雇用するかどうかは、使用者の完全な自由意思に任されているものとはいえず、前記のように、会社が特に必要があると認めた場合に再雇用する旨就業規則に定めた場合であっても、その意思決定に制約を伴うことはまたやむを得ない。特に会社に前記のような定年退職後は特段の欠格事由のない限り再雇用するとの労働慣行が確立している場合、それが労働慣行となる程の事例の集積により使用者が定年退職者を再雇用するとの同一の意思を表示したことは、その労働者に対してばかりでなく、将来定年に達する他の労働者に対しても、特段の欠格事由がないかぎり、再雇用する旨あらかじめ一般的に黙示の意思表示をしているものとみられ、それは単なる再雇用申込の誘引ではなく、再雇用の申込というべきものであるから、当該労働者が定年退職後に再雇用の意思表示をすることにより、使用者の再雇用の申込に対する承諾があったことになり、それによって直ちに当該労働者と使用者との間に再雇用契約が成立するものと解するのが相当である。本件において、《証拠略》によると、被控訴人Aが定年後に大栄に対し再雇用の意思表示をしたことが認められ、前記……認定の事実によると、被控訴人Bが黙示的に大栄に対し定年後に再雇用の意思表示したものとみられ、特段の欠格事由の存しないことは後記のとおりであるから、右説示の点から、同被控訴人らがそれぞれ55歳に達した日の翌日、すなわち、被控訴人Aについては昭和42年10月30日に、被控訴人Bについては昭和41年5月3日に、大栄との間に、再雇用契約が成立したものということができる。もっとも大栄は同被控訴人らの就労を拒否したことは後記のとおりであるが、その拒否の許されないこともまた後記のとおりであるから、これによってなんら右結論を左右すべきではない。そして、右再雇用関係は、控訴人が大栄の地位を承継した現在では、控訴人との間に存在するものというほかない。」

【判例147】
日本大学（本訴）事件・東京地判平成14・12・25労判845号33頁

事実　原告（大学教授）が、被告大学に対し、満70歳まで定年が延長されるとの慣例が事実たる慣習として労働契約の内容となっていると主張して、労働契約上の権利を有することの確認を求めるとともに、労働契約上の賃金及び賞与の支払いを求めた。

判旨　「労使間で慣例として行われてい

第6節　再　雇　用

る労働条件等に関する取扱いである労使慣行は，それが事実たる慣習として，労働契約の内容を構成するものとなっている場合に限り，就業規則に反するかどうかを問わず，法的拘束力を有するというべきである。そして，労使慣行が事実たる慣習となっているというためには，第1に同種の行為又は事実が一定の範囲において，長期間反復継続して行われていること，第2に労使双方が明示的に当該慣行によることを排除，排斥しておらず，当該慣行が労使双方（特に使用者側においては，当該労働条件の内容を決定し得る権限を有する者あるいはその取扱いについて一定の裁量権を有する者。）の規範意識に支えられていることを要すると解するのが相当である。」「事実上70歳定年制になっているとの現状認識とともに，将来採るべき政策が再雇用制か定年延長制という文脈の下ではあるものの，労働条件の見地から見て，雇用期間延長が労働慣行として熟していると言及していること，同委員会の構成員であり，法曹資格を有する法学部教授であるA現学部長代行が，学部長選挙を行う教授会において，同委員会の教職員問題委員会のすべての委員は，定年延長は労働契約の内容であるという，上記答申の内容を敷衍する発言をしていることから見て，使用者側の一定の裁量権を有する者の間でも，規範意識を有していたと評価することができる。そして，……本件議決の際の複数の理事の発言中に，これまでの定年延長に関する慣例，慣行との関係で，定年延長をすることについて問題点があることを明白に意識して懸念が表明されているのであり，……結論として原告の定年延長を否定したとしても，上述の理事会の議論の中身は，まさしく，理事会の構成員において，本件労使慣行についての規範意識に裏打ちされていることを物語っているといわなければならない。以上の検討によれば，

本件労使慣行について，労使双方が明示的に当該慣行によることを排除，排斥しておらず，労働条件の内容を決定し得る権限を有する使用者側の者も含めて労使双方の規範意識に支えられているという事実を認定することができる。」

【判例148】
三室戸学園事件・東京地判平成14・1・21労判823号19頁

(事実) 三室戸学園教職員組合に属する原告らが，被告から平成12年3月31日をもって嘱託（特別任用教職員契約）を雇止めされ，あるいは定年後に嘱託として再雇用されなかったことが，主位的には同組合と被告との間で昭和63年3月10日付けで締結された「定年後の雇用及び役職に関する覚書」に基づく合意に，予備的には原告らと被告との間の労働契約の内容となっている65歳定年後3年間は嘱託として再雇用するとの労使慣行に反するもので，実質的には解雇の意思表示であって，同意思表示は権利の濫用として無効であると主張して，原告らが被告の嘱託としての地位の確認を求めた。

(判旨) 「最初に，本件嘱託条項が，教職員が定年退職した場合において『職務の都合により特に必要があると認め，かつ，本人が希望する場合は，嘱託として引続き再雇用することがある』と規定していることは前記のとおりであり，原告らがその存在を主張する労使慣行は，本件嘱託条項に実質的に抵触する内容の慣行であるというべきところ，このような慣行が認められるためには，同種の行為又は事実が長期間反復継続されていること，当事者が明示的にこれによることを排斥していないことのほか，就業規則を制定改廃する権限を有する者か，あるいは実質上これと同視し得る者が，当該取扱い

労働契約締結過程　91

第4章　労働契約の成立

について規範意識を有していたことを要するというべきである。……昭和61年3月以降，平成12年3月末までに学園を65歳の定年により退職した者から，原告らが主張する慣行の有無を検討するうえで，相当ではないと認められるところの……5人……を除いた28人の再雇用状況』によれば，……『レッスン担当教員』のうち，3年間にわたって嘱託再雇用を希望して，そのとおり再雇用されたものは8名だけであること，全員が嘱託として再雇用されていた『教職担当教員』（6名）についても，その期間は原則として1年間だけの再雇用であり，3年間にわたって嘱託として再雇用された者は1人もいないこと，『その他の教職員』（……6名）についても，3年間にわたって嘱託再雇用を希望して，その通り再雇用されたのは3名だけであり，Aは学園との話合いにより1年間だけ嘱託として再雇用されていたものであり（書証略），また，B及びCについては，希望しながら嘱託として再雇用されなかったことが認められる。また，学園が，本件嘱託条項を含む本件就業規則を作成したのは昭和58年ころのことであり，前記認定のとおり，その後，これらの条項を前提とする本件合意を昭和63年3月10日に組合との間で締結しているのであって，学園において，その直後から本件嘱託条項と抵触するような嘱託再雇用制度の運用を慣行として行わなければならないような事情は何ら認められないのである。」

2　高年齢者雇用安定法に関する判例

再雇用に関しては，平成20年以降，高年齢者雇用安定法の解釈が絡んだ判例が多い。同法は，18年改正により，9条1項（高年齢者雇用確保措置），同条2項（過半数代表との労使協定）及び附則5条（協定をする努力をしたにもかかわらず協議が整わない場合）の規定が導入された。なお，同改正法施行以前の事案で，労働協約で60歳定年制を改め，原則，満62歳までの雇用延長を定めながら，雇用延長例外事由に該当するとして，会社が雇用延長を認めなかった事案で，裁判所が解雇権濫用法理の類推適用で雇用契約を延長する契約の成立を認めた判例（**判例149**）がある。

改正法以後の判例の多くは，9条1項の私法的効力，同条2項の協定の効力及び協議なく作成された就業規則の効力に関わっている。しかし，判例の大勢は，9条1項は公法上の義務を定めるものにすぎず，使用者はこれに基づいて私法上の義務として継続雇用義務まで負っているとはいえず，また，2項の協定による選定基準をどのように定めるかは各企業の労使の判断に委ねられ，その基準が公序良俗に反しない限り，9条違反で無効にならないとする。そこで問題は，使用者がこの公法上の義務に従って継続雇用制度を就業規則に定めた場合の当該就業規則の解釈適用の問題に移っていった。問題は，労働者が就業規則の再雇用基準を満足する場合，労働者は当然に再雇用されたことになるのかということである。一つは，賃金額等労働条件が就業規則等で明確に決まっていない場合でも，再雇用契約は成立するのかということであり，**判例150**は，これを否定した。もう一つは，使用者の承諾義務がある場合，「継続雇用契約の承諾が強制され

第 6 節　再　雇　用

るのと同様の結果になるのかという点であるが，**判例 151** は，期間の定めのある雇用契約における雇い止めの適否が問題となる利益状況に類似しているといえる」とした上，高齢法の趣旨目的，同事件の具体的な労使協定の内容をも考慮して，「解雇権濫用法理を類推適用して，原告らが定年後継続雇用を希望し，具体的客観的に定められた要件を充足するにもかかわらず，被告がこれを拒否あるいはそれまでの労働条件（雇用期間を含む。）と異なる条件を提示した点（以下，被告の同対応について「本件雇止め等」という。）については，客観的に合理的な理由があり，本件雇い止め等が社会通念上相当であると認められるか否かという観点から判断するのが相当である」とした。そして，最高裁も，**判例 152** において，雇止めの法理を確立した最高裁判例（東芝柳町工場事件・**判例 173**，日立メディコ事件・**判例 174**）を引用して，高年法の趣旨等に鑑みて，「嘱託雇用契約の終了後も本件規程に基づき再雇用されたと同様の雇用関係が存続しているとも見るのが相当である」とした。

【判例 149】
クリスタル観光バス事件・大阪高判平成 18・12・28 労判 936 号 5 頁

（判旨）「本件協定の上記趣旨及び内容によると，60 歳の定年に達する従業員は，例外的事由に該当しない限り，雇用延長契約を締結する雇用契約上の権利を有するものと認められるから，定年までに該当従業員から雇用延長願いが被控訴人に対してなされ，被控訴人が，これを非承認にした場合については，解雇権濫用の法理が類推適用され，それが，例外的事由該当の判断を誤ってなされた場合には，非承認の意思表示は無効であり，該当従業員と被控訴人との間には，上記該当従業員の雇用延長に係る権利の行使としての新たな雇用契約の申込に基づき，雇用延長に係る雇用契約が成立したものと扱われるべきである。」

【判例 150】
ニューホランド（再雇用拒否）事件・札幌地判平成 22・3・30 労判 1007 号 26 頁（札幌高判平成 22・9・30 労判 1013 号 160 頁）

（事実）被告は，平成 18 年 4 月 1 日，就業規則を変更し，新たに定年退職者の再雇用制度を設けた。本件再雇用制度の内容は再雇用制度規程によって定められ，そこには再雇用の可否基準が定められているほか，再雇用後の賃金の額は，再雇用時の本人の能力・担当する職務，勤務形態等を基に個々に決定されると規定されていた。定年年齢に達した原告は，再雇用を求めたが拒否されたため，再雇用契約が成立したとして地位確認請求を行ったほか，二次的請求として，再雇用拒否が債務不履行（再雇用義務の不履行）又は不法行為に該当するとして損害賠償請求を行った。

（判旨）「本件再雇用制度における再雇用契約（以下，単に「再雇用契約」という。）とは，被告を定年（満 60 歳）退職した従業員が被告と新たに締結する雇用契約である。そして，雇用契約において賃金の

額は契約の本質的要素であるから，再雇用契約においても当然に賃金の額が定まっていなければならず，賃金の額が定まっていない再雇用契約の成立は法律上考えられない。ところで，本件再雇用制度の内容を定めた本件規程（〈証拠略〉）によれば，再雇用契約における賃金は，再雇用時の従業員の能力・担当する職務，勤務形態等を基に個々に決定されることになっている（第8条）。したがって，定年退職時の雇用契約における賃金がそのまま再雇用契約における賃金となるのではなく，再雇用を希望する従業員と被告の合意により再雇用契約における賃金の額が定まることになる。そして，本件において被告は，原告と再雇用契約を締結することを拒否しており，再雇用契約における賃金の額について何らの意思表示もしていない。そうすると，仮に本件再雇用拒否が無効であるとしても，原告と被告の間で締結される再雇用契約における賃金の額が不明である以上，原告と被告の間に再雇用契約が成立したと認めることはできない。」他方，「本件再雇用拒否は，原告に対して不利益を与えることを目的としてなされたものと認められ，この認定を覆すに足りる証拠はない。そして，これまでに述べてきたところからすれば，そのような目的でなされた本件再雇用拒否が権利の濫用に該当し，かつ，原告に対する不法行為に該当することは明らかというべきである。よって，被告は，原告に対し，不法行為に基づく損害賠償責任を負わなければならない。」

【判例151】
フジタ事件・大阪地判平成23・8・12労経速2121号3頁

(事実) 高齢法9条に基づいて高年齢者の雇用確保措置として継続雇用制度を導入している被告の従業員であった原告らが，定年退職に当たって継続雇用を拒否され，あるいは定年退職後の継続雇用に当たって更新を拒否されたことは違法無効であるとして，被告に対し，労働契約上の権利を有する地位の確認を求めるとともに，定年退職後あるいは継続雇用の更新が拒絶された後の未払賃金の支払を求めた。

(判旨)「被告は，高齢法9条に基づいて新たに本件就業規則41条を設け，かつ，a協定を締結することによって，被告従業員が定年退職した後においても，一定の具体的，客観的な基準に該当する者については継続して雇用することを容認しているのであって，他方，本件継続雇用制度に下において，定年退職した労働者としては，自らが継続雇用を希望した場合には，一定の要件を充たせば継続して雇用されるという合理的な期待があったというべきであることからすると，事業主の採用の自由が問題となる場合とは労使間の利益状況が異なっているというべきであり，むしろ，期間の定めのある雇用契約における雇い止めの適否が問題となる利益状況に類似しているといえる。……以上の点に，高齢法の趣旨目的，a協定及びb協定の内容をも併せかんがみると，本件の場合においては，解雇権濫用法理を類推適用して，原告らが定年後継続雇用を希望し，具体的客観的に定められた要件を充足するにもかかわらず，被告がこれを拒否あるいはそれまでの労働条件（雇用期間を含む。）と異なる条件を提示した点（以下，被告の同対応について「本件雇い止め等」という。）については，客観的に合理的な理由があり，本件雇い止め等が社会通念上相当であると認められるか否かという観点から判断するのが相当である。そして，継続雇用制度の対象者について労働協定（本件では，a協定，b協定）において定められた具体的客観的な基準に合致する者については，原則として

第 6 節　再　雇　用

継続雇用を拒否することは許されないというべきであるが、他方、同基準には合致するものの、その他の事情（経営不振による雇用継続の困難性等）によって、雇用の継続が困難であると認められる客観的に合理的な理由があり、雇い止め等が社会通念上相当であると認められる場合には、継続雇用しないことも許されると解するのが相当である。」（なお、判決は、結局、雇用継続を困難とする客観的に合理的な理由があり、社会通念上相当と認められるとして、原告の請求を棄却）。

【判例 152】
津田電気計器事件・最 1 小判平 24・11・29 労判 1064 号 13 頁

（事実）　被告会社の労働協約では、組合員を 60 歳の定年から 1 年間、嘱託雇用するとしている。さらに、被告は高年法 9 条の過半数代表との労使協定を締結し、これに基づく就業規則改定で高年齢者継続雇用規程を設け、継続雇用の希望者のうちから選考採用すること、高年齢者の在職中の勤務実態及び業務能力を査定して採否（査定結果総点数 0 点の者を採用）及び労働条件（10 点以上は週 40 時間以内の、10 点以下は 30 時間以内の労働時間とする）を定めた。原告は被告に継続雇用を希望したが、被告は、査定票の 52 期分、53 期分がいずれもマイナス点であるとして、雇用を拒否した。そこで、原告は、被告は無条件で再雇用義務を負う、原告は選定基準の要件を満足するなどとして再雇用契約の成立を主張した。

（判旨）　「上告人は、法 9 条 2 項に基づき、本社工場の従業員の過半数を代表する者との書面による協定により、継続雇用基準を含むものとして本件規程を定めて従業員に周知したことによって、同条 1 項 2 号所定の継続雇用制度を導入したものとみなされるところ、期限の定めのない雇用契約及び定年後の嘱託雇用契約により上告人に雇用されていた被上告人は、在職中の業務実態及び業務能力に係る査定等の内容を本件規程所定の方法で点数化すると総点数が 1 点となり、本件規程所定の継続雇用基準を満たすものであったから、被上告人において嘱託雇用契約の終了後も雇用が継続されるものと期待することには合理的な理由があると認められる一方、上告人において被上告人につき上記の継続雇用基準を満たしていないものとして本件規程に基づく再雇用をすることなく嘱託雇用契約の終期の到来により被上告人の雇用が終了したものとすることは、他にこれをやむを得ないものとみるべき特段の事情もうかがわれない以上、客観的に合理的な理由を欠き、社会通念上相当であると認められないものといわざるを得ない。したがって、本件の前記事実関係等の下においては、前記の法の趣旨等に鑑み、上告人と被上告人との間に、嘱託雇用契約の終了後も本件規程に基づき再雇用されたのと同様の雇用関係が存続しているものとみるのが相当であり、その期限や賃金、労働時間等の労働条件については本件規程の定めに従うことになるものと解される」（東芝柳町工場事件最判及び日立メディコ事件最判を引用）。「そして、本件規程によれば、被上告人の再雇用後の労働時間は週 30 時間以内とされることになるところ、被上告人について再雇用後の労働時間が週 30 時間未満となるとみるべき事情はうかがわれないから、上告人と被上告人との間の上記雇用関係における労働時間は週 30 時間となるものと解するのが相当である。原審の前記判断は、以上と同旨をいうものとして、是認することができる。」

第 5 章
労働契約の内容確定

第 1 節　労働契約の成否

　労働契約の成否の争いについては，すでに労働契約的決過程の信義則，採用内定，あるいは再雇用などのセクションで検討したが，ここで若干の補足を加えることとする。

　まず，職業安定所の紹介を受けた日雇労働者が事業場から派遣された連絡員に日雇い港湾労働者手帳を渡し，事業場に引率した場合の労働契約の成否が争われた**判例 153**では，裁判所は，慣行と青手帳がなければ他の事業場で働けないという事情から，雇用契約締結を導き出した。他方，職安に紹介され，会社面接前にテナントビル巡回をした労働者に関する**判例 154**では，裁判所は，実際の仕事ぶりを見て最終的に採用するのは通常になされることであるとして，雇用契約は締結されていないとした。これらの判例では，労働条件の明確な合意の有無が正面から問題とされているわけではない。これに対し，**判例 155**では，正に労働条件がほとんど定まっていないという理由で労働契約の成立が否定されている。このような場合，労働契約の締結意思が明らかでないといえるから，労働契約の成立を認めることはできない。では，労働条件の中でもっとも基本的な賃金額について明確な合意を認めることができない場合も同様なのであろうか。労働契約は，諾成契約であるから，当事者の契約締結意思が契約成否の判断基準となり，契約の要素たる賃金等の具体的な合意がなくても，締結意思が確定的に認められる限り，相当の賃金等という抽象的な形でも労働契約は成立し得る。労基法 15 条もこれを前提とした労働者保護規定である。会社の転職勧誘行為が絡む事案などでは，賃金という最も基本的な契約要素が決まっていない場合には，契約を確定的に成立させようという意思が欠けている場合は多いと考えられるが（前掲**判例 151**，**判例 156**，**判例 157**），少なくとも，新卒者の場合には，個別的な労働条件交渉はほとんどなされず，募集広告や求人票に提示されている程度の具体性で足りるというべきでなかろうか（**判例 158**）。

労働契約締結過程　97

第5章　労働契約の内容確定

【判例153】
川崎南労基署長事件・横浜地判昭和48・10・19訟務月報20巻3号41頁

(事実) 職業安定所の紹介を受けた日雇労働者が事業場から派遣された連絡員に日雇い港湾労働者手帳を渡し，事業場に引率した場合の労働契約の成否が争われた。

(判旨)「前記安定所川崎出張所においては安定所が日雇労働者が提出した青手帳に紹介先，指示事項等を記入した後，労働者に所定の整理カードを渡し，青手帳は事業場から派遣された連絡員に手渡し，連絡員が紹介を受けた労働者を点呼確認し，青手帳を預つたまま労働者を事業場に引率するという方法が慣行として行われていることが認められ，本件においても右の方法がとられたと推認されるところ，労働者としては青手帳の返還を受けるまでは実質上他の事業場では働くことができないのであるから，前記連絡員による人員点呼がなされた時点において当該事業場との間で雇傭契約が締結されたというべきであり，この点についての被告の主張は採用できない。」（この点は，控訴審＝東京高判昭和52・1・27東京(民)時報28件1号5頁で維持された。）

【判例154】
日本ビルサービス事件・大阪地決昭和58・12・20労経速1178号5頁

(事実) 職安に紹介され，ビルのボイラーや空調整備の会社に応募した原告が，面接日にテナントビル巡回中階段から転落して左足首をねんざし，労災保険法に基づく休業補償給付の手続を会社に求めたところ，会社は労働契約は成立していないとして拒否した。

(判旨)「Aが『療養補償給付たる療養の給付請求書』に原告が被告の従業員である旨の記載をしたこと前記のとおりであるが，……これは，労働基準監督署の方から原告のために書いてやって欲しい旨頼まれ，書いても被告の不利益にならず，原告の利益になることならと安易に考え記載したものであることが認められ，この事実に照らすと，右「療養補償給付たる療養の給付請求書」の記載をもって直ちに原被告間の雇用関係成立の証左とはなし得ない。さらに，一般に採用予定者が採用後に就く仕事内容について事前に説明を受け，実地に仕事を体験し，また，雇用主も，採用予定者との面接だけではなくして，実際の仕事振り等を見て最終的に採用・不採用を決定することは，従業員の採用手続において通常なされることであって，したがって，前記の如く原告がBの指示で被告の作業服を着用し，Cと共に，あるいは一人で真柄ビル内を巡回したからといって，このことから直ちに原被告間の雇用関係が成立したとは言えず，却って，前掲2で認定の事実に加えて（人証略）を総合すると，Bが原告に対し作業服に着替えさせ，Cと一緒に右ビル内を巡回させたのは，原告が採用されるであろうことを前提として，原告面接のため被告代表者が出社してくるまでの間，事前に，原告に仕事内容を憶えてもらう意図であったことが窺われる。」よって，原被告間の雇用関係を認めるに未だ十分とはいえない。

【判例155】
東京放送事件・東京地判昭和51・6・2労判カード256号19頁

(事実) 原告は，被告との間に専属出演契約を締結しテレビやラジオドラマに出演していたが，ラジオの視聴率低下で，原

第1節　労働契約の成否

告を含む劇団員11名との契約関係解消を決定。その後，劇団員らとの団の解約の全体交渉をしたが合意に達せず，個別交渉となり，原告との解約は成立しなかった。その後会社側は，「職員Ⅰ（大卒）で，本給7万4000円ぐらいにしていただきたい。これにA手当とC手当を含めておよそ9万円にしていきたい。」と発言し，もう一回の交渉を経て，原告は「分かりました，この前伺った条件でお任せします。」などと述べて，交渉を終わり，会社の指示に従って履歴書を提出したが，正式決着しなかった。

判旨　「特定の労働契約により，労働者が，いかなる種類の従業員としての地位を取得し，いかなる時間，異ななる場所において，いかなる種類の労働力を提供するか，そして，それに対し，使用者がいかなる金額の賃金等を支払うかは，その労働契約を自己の生活の基礎としようとする労働者にとってはもとより，その労働契約に基づいて提供される労働力により特定の事業を計画的に遂行しようとする使用者にとっても，契約締結時における重大な関心事であるといわなければならない。したがって，労働契約が成立するためには，これらの点について必ずしも明示の合意がなされることは要しないとしても，これらの点が就業規則や労働協約等の適用により当然に確定されるなどの特段の事情がないかぎり，労働契約の締結時に労働者と使用者との間でこれらの点について明確な合意がなさるのが通常であるというべきである。」特に，17年間契約関係を続けてきた原告が新たに職員としての労働契約を締結しようとするのであるから，明確な合意がないまま労働契約が成立するとは通常考えられない。

【判例156】
ユタカ精工事件・大阪地判平成17・9・9労判906号60頁（前掲判例29と同一の判例）

判旨　「企業が新卒者を採用する場合と異なり（新卒者の採用の場合は，就業規則等で給与などの条件が定められていることが通常である。），被告が，原告を採用する場合において，給与の額をいくらにするかは，雇用契約におけるもっとも重要な要素ということができ，本件において，給与についての合意がなされずにいた時点では，原告の雇用契約について合意が成立したとはいえない。」

【判例157】
インターネット総合研究所事件・東京地判平成20・6・27労判971号46頁（前掲判例34と同一の判例）

判旨　「乙山所長は，原告に対してインターネットを通じて証券会社が展開できるビジネスの可能性を問い，被告においてこれを立ち上げたいので原告にぜひ来て欲しいと持ちかけ，その後乙山所長あるいは丙川CFOと原告との間で事業の形態，雇用の問題等について話し合いを重ねる中で，原告の雇用条件を詰めるために4月3日の会合が開かれるに至り，同日の会合において原告から希望する年俸額として1500万円プラスアルファを提示され，乙山所長が概ねこれを了承し，被告における勤務開始日についても8月1日と合意したこと，その後も被告内部においてここでの発言を前提に事を進めたことが認められるのであって，代表取締役からここまで具体的な話があった以上，これを内定，すなわち始期付解約権留保付雇用契約の締結と認めて妨げないとい

労働契約締結過程　99

うべきである。」

> 【判例158】
> コーセーアールイー（第2事件）・福岡高判平成23・3・10労判1020号82頁（前掲判例28と同一の判決）

判旨　「被告は，倫理憲章の存在等を理由として，同年10月1日付けで正式内定を行うことを前提として，被告の人事担当者名で本件内々定通知をしたものであるところ，内々定後に具体的労働条件の提示，確認や入社に向けた手続等は行われておらず，被告が入社承諾書の提出を求めているものの，その内容は，内定の場合に多く見られるように，入社を誓約したり，企業側の解約権留保を認めるなどというものでもない。」

第2節　雇用・労働条件の内容

1　求人票と労働契約の内容の確定

　職安法5条の3（旧18条）は，求人者は公共職業安定所等に労働条件を明示しなければならず，基本的事項については，通常，「求人票」によってなされることになる（職安法規則4条の2）。このことから，職安への「求人票」に記載されていた労働条件が採用後の労働契約の内容になったか否かが争われた事件が多い。判例は，一般に「求人票」は労働契約の申込の誘引のための文書に過ぎないから，それがそのまま最終的な契約の内容になるものではない（判例159）。しかし，求職者は，通常，「求職票」を信じて職探しをしているのであるから，とりわけ重要な労働条件については，その後当事者間で「求人票」記載のそれと異なる明確な合意をする等の事情のない限り，労働契約の内容になると考えられる。例えば，「求人票」に「常用」と記載されたており，それと異なる特段の事情が認められないので，期間の定めのない「常用」従業員として認められた判例がある（判例160，判例161）。また，求人票に退職金共済制度に加入することが明示されているのであるから，少なくとも，仮に被告が退職金共済制度に加入していたとすれば原告が得られたであろう退職金と同額の退職金を請求する労働契約上の権利を有するとした判例がある（判例162）。ただ，労働契約の内容は契約締結時の合意によって決まるのが原則であるから，採用時の状況や就業規則の規定等諸般の事情を考慮して，契約時に「求人票」と異なる合意をしたと認められる場合が多い（判例163，判例164）（なお，判例5は勤務地に関するものであるが，配転についてはややその特殊性もあり，後に改めて取り上げる）。もっとも，求職者は「求人票」を信じて就職活動を止め又は他の求職先を断ることが多いので，求人者が契約締結の間際で「求人票」に記載された労働条件と全く異なる労働条件での申込をすることが信義則に反する場合もあると考えられる（判例

第2節　雇用・労働条件の内容

165)。しかし，「求人票」はあくまで申込の誘引のための文章に過ぎないから，詐欺の成立を認めるのは困難とられる（判例166）。

【判例159】
八州測量事件・東京高判昭和58・12・19労判421号

判旨　「求人は労働契約申込みの誘引であり，求人票はそのための文書であるから，労働法上の規制（職業安定法18条）はあつても，本来そのまま最終の契約条項になることを予定するものでない。本件においても，以上のような背景から，見込額としての賃金が，前記のような不統一の様式，内容で記載されたものといえる。そうすると，本件採用内定時に賃金額が求人票記載のとおり当然確定したと解することはできないといわざるをえない（信義則との関係については，後に判示する。）。」

【判例160】
千代田工業事件・大阪高判平成2・3・8労判575号59頁

判旨　「職業安定法18条は，求人者は求人の申込みに当たり公共職業安定所に対し，その従事すべき業務の内容及び賃金，労働時間その他の労働条件を明示すべき義務を定めているが，その趣旨とするところは，積極的には，求人者に対し真実の労働条件の提示を義務付けることにより，公共職業安定所を介して求職者に対し真実の労働条件を認識させたうえ，ほかの求人との比較考量をしていずれの求人に応募するかの選択の機会を与えることにあり，消極的には，求人者が現実の労働条件と異なる好条件を餌にして雇用契約を締結し，それを信じた労働者を予期に反する悪条件で労働を強いたりするなどの弊害を防止し，もって職業の安定などを図らんとするものである。かくの如き求人票の真実性，重要性，公共性等からして，求職者は当然求人票記載の労働条件が雇用契約の内容になるものと考えるし，通常求人者も求人票に記載した労働条件が雇用契約の内容になることを前提としていることに鑑みるならば，求人票記載の労働条件は，当事者間においてこれと異なる別段の合意をするなど特段の事情がない限り，雇用契約の内容になるものと解するのが相当である。」

【判例161】
社会福祉法人正心会事件・神戸地伊丹支判平成16・2・19労判874号52頁

判旨　「ハローワークの求人票の雇用期間欄には，「常用長期」と記載されており，契約期間の始期及び終期が記載されていないこと，被告は，採用面接の際，原告に対し，契約期間が6か月であることを告げていないことからすると，当初，原被告間では，期間の定めのない労働契約が成立したということができる。」

【判例162】
丸一商店事件・大阪地判平成10・10・30労判750号21頁

事実　原告は，被告に解雇されたとして解雇予告手当及び退職金を請求した。被告は，原告は任意退職したのであり，退職金については，被告には退職金規定はなく，事務引継を行って円満に退職した者に対し恩恵的に退職金を支給するものに過ぎないところ，原告は事務引継をせ

労働契約締結過程　　101

ずに勝手に退職したので支払義務はないとして、これらを争った。

判旨　「求人票は、求人者が労働条件を明示したうえで求職者の雇用契約締結の申込みを誘引するもので、求職者は、当然に求人票記載の労働条件が雇用契約の内容になることを前提に雇用契約締結の申込みをするのであるから、求人票記載の労働条件は、当事者間においてこれと異なる別段の合意をするなどの特段の事情がない限り、雇用契約の内容になるものと解すべきである。そして、前記認定の事実に照らせば、原告と被告の間で雇用契約締結に際し別段の合意がされた事実は認められず、戒野も退職金を支払うことを前提とした発言をしていることに鑑みると、本件雇用契約においては、求人票記載のとおり、被告が退職金を支払うことが契約の内容になっていたと解される。」

【判例163】
藍澤證券事件・東京地判平成21・9・26労判1011号27頁（東京高判平成22・5・27労判同号20頁は引用部分を維持）

判旨　「雇用契約が使用者と従業員となろうとする者の双方の具体的事情を踏まえて内容が決定されるものであることから、使用者による就職希望者に対する求人は、雇用契約の申込の誘引であり、その後の採用面接等の協議の結果、就職希望者と使用者との間に求人票と異なる合意がされたときは、従業員となろうとする者の側に著しい不利益をもたらす等の特段の事情がない限り、合意の内容が求人票記載の内容に優先すると解するのが相当である。そして、本件では、原告が被告から平成18年4月18日に内定通知書、雇用契約書案（第1契約の契約書と契約期間開始日以外は同内容のもの）、『契約社員等就業規則』及び『給与規程』の送付を受け、その後に入社日の変更以外は、特段の異議を述べることなく、第1契約の契約書に署名押印して提出している……のであるから、自らと被告との間の雇用契約（第1契約）の内容（雇用形態、賃金額、登用特約を含む）を予め了知し1か月以上検討する機会があったものということができる。また、原告は、前記の内定通知書を受けたときは他社に就職しており、賃金も第1契約の定める額より高額であった……のであるから、原告は、他社の雇用を継続するか、被告に就職するかもしくは被告より労働条件の良い他の会社に就職するかを第1契約の締結前に選択できる立場にあったのであり、被告への就職を余儀なくされる事情はなかったのであるから、第1契約の契約書のとおりの合意の成立を認めても、原告に著しい不利益をもたらす等の特段の事情があるとはいえない……。したがって、原告と被告との雇用契約関係は、仮に平成18年4月17日の採用面接で第1契約の契約書記載の条件が説明されたかどうかにかかわらず、本件求人票の内容ではなく、その後に交わされた第1契約の契約書記載の内容（平成18年5月21日から同年10月31日までの有期雇用契約）のとおり合意されたものと認めるのが相当である。」

【判例164】
ブックローン事件・神戸地判平成2・5・25労判583号40頁

事実　高卒現地採用の原告が本社業務部から名古屋業務への配転命令を拒否したことを理由とする懲戒解雇の無効を求めた。求人票には、勤務地は神戸本社と記載されていた。

判旨　「右求人表は公共職業安定所の所定のもので、それに記載しているのは原

第2節　雇用・労働条件の内容

告の概括的な労働条件であり、求人表の作業所の記載はさしあたっての就業場所を示すにすぎず、具体的な労働条件は労働契約なかんずく就業規則や企業規定によって定まること、被告は右求人表を基に学校が作成した会社一覧表を見て応募したが右一覧表には勤務地として神戸と記載されていたこと、右当時原告の本社は現在と同様神戸であったが、北海道から九州まで各所に支社や営業所があり、勤務地を限定して従業員を採用し、終生同一の場所で勤務させることは会社の運営上困難で、今まで勤務地を限定して従業員を採用したことは一度もないこと、原告の就業規則第8条には、『会社は業務の必要により社員に異動（転勤、配置転換）を命じることがある。この場合正当な理由なくこれを拒否してはならない』旨規定されていること、原告においては入社後のオリエンテーションで右就業規則及び会社の支社や営業所についての説明をしていること、被告は採用試験の際もオリエンテーションの際にも勤務地に関し何等の申し出もしていないこと、原告においては年間平均10数名の従業員が転居を伴う異動をしており、前記就業規則にはそのための旅費の支給、転居の費用、住宅費補助についての規定が存すること、被告と同時期の高卒定期採用者であるAも東京、札幌、神戸と転勤を経験していること、被告は入社後三宮所在の電算室に、昭和55年4月からは本社ビル商品課に配属され合計13年間神戸で勤務しているが、被告は自己が他に異動することを予想して、会社に提出した自己申告書に異動についての希望を記載していること、以上の事実が認められ、……右認定の被告採用時の状況、就業規則の記載内容、原告における異動の状況等諸般の事実を併せ考えると、求人表に記載された作業所は求人の際のさしあたっての就業場所を示したにすぎず、被告と原告との間の労働契約には勤務地限定の約束は存在せず、前記就業規則により勤務地については原告の一方的変更に従う旨の包括的合意がなされているというべきである。」

【判例165】
八州測量事件・東京高判昭和58・12・19労判421号（判例159と同一判例）

判旨　「思うに、求人票記載の見込額の趣旨が前記のようなものだとすれば、その確定額は求人者が入職時までに決定、提示しうることになるが、新規学卒者が少くとも求人票記載の賃金見込額の支給が受けられるものと信じて求人に応募することはいうまでもなく、賃金以外に自己の適性や求人者の将来性なども志望の動機であるにせよ、賃金は最も重大な労働条件であり、求人者から低額の確定額を提示されても、新入社員としてはこれを受入れざるをえないのであるから、求人者はみだりに求人票記載の見込額を著しく下回る額で賃金を確定すべきでないことは、信義則からみて明らかであるといわなければならない。けだし、そう解しなければ、いわゆる先決優先主義を採用している大学等に籍を置く求職者はもちろんのこと、一般に求職者は、求人者の求人募集のかけ引き行為によりいわれなく賃金につき期待を裏切られ、今更他への就職の機会も奪われ、労働基準法15条2項による即時解除権は、名ばかりの権利となって、求職者の実質的保護に役立たないからである。しかし、さればといって、確定額が見込額を下廻つたからといって、直ちに信義則違反を理由に見込額による基本給の確定という効果をもたらすものでないことも、当然である。」

労働契約締結過程

第 5 章　労働契約の内容確定

> **【判例166】**
> 田中建材事件・東京地判平成12・3・22労経速1733号27頁

(判旨)「少なくとも本件において被告会社が公共職業安定所に掲示した求人票は雇用契約の申込みの意思表示ではなく、労働者による雇用契約の申込みの誘引にすぎないというべきであるから、被告会社が原告との面接の際に被告会社が公共職業安定所に掲示した求人票とは異なる内容の雇用条件を提示して原告との間で雇用契約を締結したからといって、そのことから直ちに被告会社に詐欺が成立するということはできない。」

2　求人広告と労働契約の内容

　求人広告も労働契約の内容を認定するための重要な証拠の一つにはなるが、求人票のように労働条件を公的に明示させる機能を果たすものではないため、その証拠としての重要性はやや劣るとみることもできる。しかし、求人広告の内容に反する特段の事由が存在しない場合は、やはり、その内容が契約内容となると考えざるを得ないから、求人票と求人広告の証拠として果たす意味を取り立てて区別する必要はないと思われる。そこで、ここでは、求人広告の内容が労働契約の内容なったことを肯定した判例（判例167、判例168）を例示するにとどめる。

> **【判例167】**
> 美研事件・東京地判平成20・11・11労判982号81頁

(判旨)　求人広告には本採用後の賃金を「月給18万8000円＋能力給＋各種手当」と記載されていたが、原告（美容カウンセラー）は12万8000円しか支払われていなかった。
　「募集広告（〈証拠略〉）には、この点、『月給18万8000円＋能力給＋各種手当』と記載されており、原告本人は、被告丙川から上記広告と同内容で説明を受けた旨述べている。試用期間後は、能力（歩合）給が加算されなければ、基本給だけについて見れば給与が減額になるから、この点、被告会社において原告に説明することを要するところ、原告にこの点を説明したという証拠は存在しない。たとえEのような他のカウンセラーは全員一律12万8000円であったとしても、個々人のカウンセラーに説明をすることを要するところであるから、原告が説明を受けて基本給の減額に同意していなければ、この減額は効力を生じないというべきである。よって、原告の基本給は18万8000円と認められる。そうすると、被告会社が、試用期間後の平成17年7月からは基本給は12万8000円しか支払っていないことも当事者間に争いがないから、被告会社は、少なくとも12月までの6か月間のうち、原告の請求する5か月分の30万円を支払うべきである。」

> **【判例168】**
> ファースト事件・大阪地判平成9・5・30労判ダイジェスト738号91頁

(事実)　原告は、就職情報誌の「給与　固定給制。月額16万2000円から35万円」

等記載された求人広告をみて、被告会社に応募し、採用面接後、中途採用された。しかし、会社が月額12万円しか支払わないので、退職後、賃金は16万2000円であるとして、未払差額賃金等を請求した。

[判旨]「本件広告は、その記載上未経験者に対しても16万2000円から35万円の賃金が支払われる者と理解することも可能であって、被告の採用実績に照らして誇張があり、その妥当性には問題があるものの、年齢、能力及び希望賃金に幅のある中途就職希望者に対して就職の申し込みを誘引するものであるから、採用面接の結果、就職希望者と使用者の間に本広告内容と異なる合意がなされれば、労働者を保護すべき事情がない限り、右合意が優先し、右合意に従い賃金が決定されう回するのが相当である。そこで検討するに、新規卒業者を画一的に採用する場合とは異なり、年齢、能力及び希望賃金に幅のある中途就職希望者の採用を決定するに当たり、賃金額の交渉がなされるのが自然であるところ、……（面接者の）Ｓの証言の信憑性が高いこと、原稿は、被告が賃金月額12万円の給与を支給してきたにもかかわらず、抵触するまで異議を唱えなかったこと、退職後も、最低賃金法を根拠として差額賃金を請求していたこと、原告本人の供述は、本件面接において、休日、昇給、賞与、各種手当ての説明は受けたが給与の具体的な話はなかったというものであって、……不自然であることに照らせば、原告本人の供述はにわかに信用できず……原告の給与を被告の給与規定に従い約12万円とする行為が成立したものと認めることが出来る。」

第3節　期間の定めの有無

　労働契約には、期間の定めのある労働契約（無期労働契約）と期間の定めのない労働契約（有期労働契約）の２種類に分かれる．この分類は、雇用保障と労働契約の継続期待の点において、決定的に重要な意味をもつにももものであるから、労使がいずれのものとして合意したのかが争われることも多い。判例の判断を分類すると、①期間の定めは形式に過ぎず、実際には期間の定めのない契約であったとするもの（判例169）、②民法629条１項によって期間の定めのないものとなったとするもの（判例170）、③黙示の合意で期間の定めのないものに変更されたとするもの（判例171）、④反復更新で期間の定めのないものとなっていたとするもの等に分かれた（判例172）。しかし、その後、最高裁判決は、④を否定し、次の２つの場合に、期間の定めを否定しない形で、解雇権濫用法理を類推適用して、濫用的な更新拒絶を規制する途を形成した。１つは、「あたかも期間の定めのない契約と実質的に異ならない状態で存在していた」といえる場合であり（判例173）、もう１つは、「その雇用関係はある程度の継続が期待されていた」場合である（判例174）。したがって、ある雇用契約関係が、ある時点で、期間の定めをあるものでなくなるということは、民法629条１項の適用される場合を除き、ほとんど考えられ

なくなった。なお，これらの最高裁法理は，その後，労契法19条において，労働者が「有期労働契約の締結の申込みをした場合であって，使用者が当該申込みを拒絶することが，客観的に合理的な理由を欠き，社会通念上相当であると認められないときは，使用者は，従前の有期労働契約の内容である労働条件と同一の労働条件で当該申込みを承諾したものとみなす」という形で，法定された。ただ，③に分類される判例も存在しないわけではない（判例177）。なお，期間の定めが形式に過ぎなかったか否かは事実認定の問題といえるが，事案としては，次のような例がある（判例175，判例176，判例177）。

【判例169】
毎日新聞事件・東京地決昭和43・3・22労判61号19頁

（事実）被申請人会社においては，倉庫係，資料整理，新聞の荷作り発送等の単純な労働に常時学生アルバイトを使用してきたが，学生アルバイトの中には，年末繁忙の時等に一時的に雇傭される臨時学生アルバイトと，業務の繁閑に拘わらず，恒常的な仕事に恒常的に従事する通称長期学生アルバイトといわれるものの2種類があり，後者は，一応その雇傭期間を2ケ月と定めてあつたが，特別の事情がない限り，学生である限り更新を重ねて数年に及ぶものであつた。申請人は，昭和40年12月から昭和41年1月まで臨時学生アルバイトとして被申請人会社に勤務したことがあつたが，更に同年3月10日からは長期学生アルバイトとして雇傭され，期間は一応2ケ月と定めてあつたが，更新を重ねて昭和42年6月11日まで勤務していた。

（判旨）「名は学生アルバイトと称し，期間を2ケ月と区切ってあっても，申請人と被申請人間の雇傭契約の実体は，いわゆる期間の定めのない通常の雇傭契約であって，一般の期間の定めのない雇傭契約と全く差異のないものであったといわなければならない。」「本件の解雇が無効であり，申請人が本件の賃金によって生活をしている以上，賃金仮払を求める点についての被保全権利ないし保全の必要性の存在はこれを肯認することができるから，この点に関する申請は理由があるものといわなければならない。」

【判例170】
紀伊高原事件・大阪地判平成9・6・20労判740号54頁

（事実）期間1年の労働契約を結んだプロゴルファー。同契約は平成2年12月31日で終了すべきところ，その後も雇用され続けてきたが，会社側は，平成5年11月27日以降，リストラしたという理由に，7月以降更新しないとした。

（判旨）「本件契約については，契約期間満了の際に更新が行われていたと断定することはできず，本件契約の当初の契約期間満了後の平成3年1月以降も原告が稼働していたことについて，被告がこれを知りながら異議を述べなかったとするほかはないから，本件契約は，民法629条1項により，期間の定めのない労働契約として継続していたことになる。」

【判例171】
キングレコード事件・東京地決昭和53・2・3労判カード291号15頁

第3節　期間の定めの有無

【事実】　昭和50年5月6日付契約の期間終了にあたり，債権者・債務者は従前のように契約書を作成することもなく，かつ契約期間を明示しないまま契約を更新し，以来債権者は前記契約解除の意思表示がなられた昭和52年8月8日まで約2年に亘り契約更新等何らの手続も取られず他の社員と同様の条件で前記業務に従事してきた。

【判旨】　「かかる事実に徴すると債権者・債務者間の契約は昭和50年8月6日黙示の合意により期間の定めのない雇傭契約に変更されたものと認めるのが相当である。」

【判例172】
東芝柳町工場事件・横浜地判昭和43・8・19民集28巻5号953頁

【事実】　基幹臨時工として雇用期間2か月で雇用され，5回から23回にわたって契約更新された労働者らが，成績不良，合理化による人員削減等の理由で，更新を拒否された。本工と仕事の種類・内容は差異がなく，雇止めされた事例はなく，採用担当者から長期継続雇用を期待させるような言動があり，更新手続もいい加減であった。

【判旨】　「会社と原告らとの間に締結された本件各労働契約は，固より正規従業員（本工）契約とは異なり，本工登用試験の合格により本工に採用されうる，当初は有期（2か月）の労働契約であつたが，この2か月の雇傭期間の定めは叙上の事実関係の下において本件各労働契約が締結されかつ数回ないし20数回に亘つて更新され原告らが引続き雇傭されてきた実質（いわゆる連鎖労働契約の成立）に鑑みれば，殊に会社の設備拡張，生産力増強に伴う緊急の労働力需要に基く過剰誘引とその利用関係の維持に由来することからしても，漸次その臨時性を失い本件各傭止の当時にはすでに存続期間の定めのない労働契約（本工契約ではない。）に転移したものと解するのが相当であるから，原告らに対する会社の本件労働契約更新拒絶の意思表示は法律上解雇の意思表示とみるべきで」ある。

【判例173】
東芝柳町工場事件・最1小判昭和49・7・22民集26巻5号927頁（判例172の上告審判決）

【判旨】　「本件臨就規8条は上告会社における基幹臨時工の解雇事由を列記しており，そのうち同条3号は契約期間の満了を解雇事由として掲げているが，上記のように本件各労働契約が期間の満了毎に当然更新を重ねて実質上期間の定めのない契約と異ならない状態にあつたこと，及び上記のような上告会社における基幹臨時工の採用，傭止めの実態，その作業内容，被上告人らの採用時及びその後における被上告人らに対する上告会社側の言動等にかんがみるときは，本件労働契約においては，単に期間が満了したという理由だけでは上告会社において傭止めを行わず，被上告人らもまたこれを期待，信頼し，このような相互関係のもとに労働契約関係が存続，維持されてきたものというべきである。そして，このような場合には，経済事情の変動により剰員を生じる等上告会社において従来の取扱いを変更して右条項を発動してもやむをえないと認められる特段の事情の存しないかぎり，期間満了を理由として傭止めをすることは，信義則上からも許されないものといわなければならない。」

第5章　労働契約の内容確定

【判例174】
日立メディコ事件・最1小判昭和61・12・4労判486号6頁

事実 同工場で臨時員として補助的な仕事をいた労働者らが，雇用期間2か月とする有期契約を5回更新された後，雇止め（更新拒絶）された。

判旨 「柏工場の臨時員は，季節的労務や特定物の製作のような臨時的作業のために雇用されるものではなく，その雇用関係はある程度の継続が期待されていたものであり，上告人との間においても5回にわたり契約が更新されているのであるから，このような労働者を契約期間満了によって雇止めにするに当たっては，解雇に関する法理が類推され，解雇であれば解雇権の濫用，信義則違反又は不当労働行為などに該当して解雇無効とされるような事実関係の下に使用者が新契約を締結しなかったとするならば，期間満了後における使用者と労働者間の法律関係は従前の労働契約が更新されたのと同様の法律関係となるものと解せられる。」とする原判決の判断は，本件労働契約に関する前示の事実関係の下において正当として是認することができ，原判決に所論の違法はない。

【判例175】
厚木プラスチック関東工場事件・前橋地判平成14・3・1労判838号59頁

事実 パートタイマーとして被告に雇用されていた原告が，被告の原告に対する本件解雇は整理解雇の要件を欠き，解雇権の濫用であって無効である等として，被告に対し，労働契約上の地位確認及び未払賃金の支払等を求めた。

判旨 「被告は，原告ら半日パート従業員を雇用するに際して雇用期間の定めをしていないこと（乙第6号証によれば，むしろ，特段の事情がない限り継続する雇用契約であったことがうかがわれる。），半日パート従業員に対する「雇止め」による雇用契約終了も平成5年10月8日を最後に行われておらず，現に本件解雇も「雇止め」ではなく「会社都合」による「解雇」として行われたのであるから，原告被告間の雇用関係は期間の定めのない労働契約として存在していたものと認めることができ，本件解雇には解雇に関する法理の適用があると解される。」

【判例176】
韓国銀行事件・東京地判平成14・12・9労判846号63頁

事実 当初契約書でも有期雇用契約であることが明記されており，その後も平成10年契約書までは1年毎に更新されている形式をとっている。また，各契約書は原告の意思で作成された。

判旨 「原告は被告から入社当初より「長期にわたって勤めてほしい」旨の説明を受けているし……，契約書自体からも退職金を通算して計算するなど長期継続して勤務することが前提となっている箇所……もあること……，各契約書の記載もほとんど同じ内容であること……，被告（T課長）の依頼を受けて（契約社員であるにもかかわらず）防火管理責任者となっていること……，平成11年契約書で金融監督院との公平という理由だけで契約期間を1年から3年へと変更したこと……，被告においても，原告の契約期間が1年であるということは入社当初から重要ではなく，原告が勤め続けることの方を重要であること考えており，原告にも長期継続勤務の期待があったと認めるのが相

当である。したがって、各契約書はいずれも原告の意思に基づいたものであって、本件契約の内容を示すものであるけれども、契約期間については、当初より期限の定めのないものであることを前提として合意したものであったというのが相当である。」

【判例177】
日欧産業協力センター事件・東京地判平成15・10・31労判862号24頁

(事実) 雇用期間は平成8年7月1日から9年6月30日まで。9年6月1日までにいずれかの当事者から異議がない限り自動的に更新される。職務内容は、EU側事務局長の個人アシスタント及び情報セクションのアシスタント。その後、9年6月1日までにいずれの当事者からも何等の通告もなく、自動更新された。その後、14年6月末日をもって終了する旨のYの通知まで、契約書の作成はなく、更新手続も一切行われなかった。

(判旨)「初期契約は期間の定めのある労働契約であった」。「本件は、初期契約の条項によって契約の更新がされたもので、期間満了の後の就労継続による更新（民法629条1項。いわゆる法定更新）ではないから、更新後の労働契約の期間の定めの有無は、民法の上記条文の解釈の問題ではなく、初期契約における当事者の意思解釈の問題である。」本件事実からは、「初期契約における当事者の意思は、初期契約の更新後は期間の定めのない労働契約として存続することとしたものであったと認めるのが相当である。」

＊もっとも、控訴審（東京高判平成17・1・26労判890号18頁）は、この一審判決の「初期契約の更新後は期間の定めのない労働契約として存続したもの」との認定を「更新後の契約についても1年の期間の定めがあるものと了解していたものと解するのが相当である」として変更している。

第4節　勤務地・職種の限定，その他

(1) 概　観

労働契約締結において、勤務地・職種がどのように決められるかということについては、学説上、労働契約においては、労働力の処分が使用者に委ねられているとする包括的合意説と使用者が労働契約の範囲内においてのみ、配置転換を命じることができるという労働契約説の対立があった。判例は、昭和61年の東亜ペイント最判（判例178）以前は、純粋な意味で包括的合意説を適用する例も多かったが（判例179）、同最判以降の判例のほとんどは、就業規則の配転規定あるいは就業規則のそれを遵守する旨の誓約書に言及し、その事実からまたはこれに他の事情を加味して勤務地・職種の限定合意の存否を検討している。そして、特に、日産村山最判（判例180）が原判決を維持して以降、勤務地や職種の限定がみとめられる事案は極めて少なくなっている。

第5章　労働契約の内容確定

【判例178】
東亜ペイント事件・最2小判昭和61・7・14労判477号6頁

[事実] 当時神戸営業所の主任をしていた被上告人（原告）が名古屋営業所への転勤命令を家庭の事情を理由に拒否して懲戒解雇され，その無効確認を求めた。

[判旨] 「上告会社の労働協約及び就業規則には，上告会社は業務上の都合により従業員に転勤を命ずることができる旨の定めがあり，現に上告会社では，全国に十数か所の営業所等を置き，その間において従業員，特に営業担当者の転勤を頻繁に行っており，被上告人は大学卒業資格の営業担当者として上告会社に入社したもので，両者の間で労働契約が成立した際にも勤務地を大阪に限定する旨の合意はなされなかったという前記事情の下においては，上告会社は個別的同意なしに被上告人の勤務場所を決定し，これに転勤を命じて労務の提供を求める権限を有するものというべきである。」

【判例179】
ラジオ関東事件・東京地判昭和55・12・25労判355号15頁

[判旨] 「一般に労働契約の締結において，労働者は企業運営に寄与するため，使用者に対して労働力を提供し，その使用を包括的に使用者に委ねるのに対し，使用者はその労働力の処分権を取得し，その裁量に従い，提供された労働力を案配して使用することができるものである。」

【判例180】
日産村山工場事件・最1小判平成元・12・7労判554号6頁

[事実] 機械工として採用され，10数年ないし20数年間ほぼ継続して機械工として就労してきた上告人（原告）らの非熟練的な仕事への配置転換の効力が争われた。

[判旨] 「上告人らと富士精密工業株式会社若しくはプリンス自動車工業株式会社又は被上告人との間において，上告人らを機械工以外の職種には一切就かせないという趣旨の職種限定の合意が明示又は黙示に成立したものとまでは認めることができず，上告人らについても，業務運営上必要がある場合には，その必要に応じ，個別的同意なしに職種の変更等を命令する権限が被上告人に留保されていたとみるべきであるとした原審の認定判断は，原判決挙示の証拠関係に照らし，正当として是認することができ，その過程に所論の違法はない。」

(2) 勤務地の限定

少数例である地域・職種限定の特別合意を認めた判例は，次のような事実に依拠している。まず，地域限定の合意については，面接試験で他地域に転勤できない旨明確に述べそれを前提に採用通知したこと（判例181），面接で前の職場より賃金が下がるといわれ，応募動機が老いた両親を世話するための帰郷である旨を明らかにしたこと（判例182），採用時には他の病院は存在しなかったこと（判例183），常用化に関する争いの後，当該診療所で新規雇用として決着したこと（判例184），現地採用で中途採用され長女の病気で支店勤務に難色を示していたこと（判例185）等である。

第4節　勤務地・職種の限定，その他

【判例181】
新日本通信事件・大阪地判平成9・3・24労判715号42頁

判旨　「原告は，採用面接において，採用担当者であったAに対し，家庭の事情で仙台以外には転勤できない旨明確に述べ，Aもその際勤務地を仙台に限定することを否定しなかったこと，Aは，本社に採用の稟議を上げる際，原告が転勤を拒否していることを伝えたのに対し，本社からは何らの留保を付することなく採用許可の通知が来たこと，その後被告は原告を何らの留保を付することなく採用し，原告がこれに応じたことがそれぞれ認められ，これに対し，被告が転勤があり得ることを原告に明示した形跡もない以上，原告が被告に応募するに当たって転勤ができない旨の条件を付し，被告が右条件を承認したものと認められるから，原告，被告間の雇用契約においては，勤務地を仙台に限定する旨の合意が存在したと認めるのが相当である。」

【判例182】
西村書店事件・新潟地決昭和63・1・11労判519号103頁

判旨　「債権者は約5年間勤務した旧勤務先を退職して債務者の従業員となったのであるが，旧勤務先を解雇されたとか，それに準ずるような形で事実上退職を余儀なくされた等の事情は全くないのに，収入の大幅な減少を甘受してあえて債務者に勤務することとしたのであるから，債権者にはそれに見合う大きなメリットが存在した筈である。このメリットとして考えられるのは，債権者の主張するとおり『従来通り編集業務に携わりながら新潟において勤務できること』以外にない。そして，債権者は採用面接の際，旧勤務先における担当業務と収入を告げ，応募の動機として高齢の両親を世話するため新潟に帰りたい旨を述べたのであるから，債務者（〇〇社長）もかかる事情を理解した筈である。そうすると，債権者と債務者は，本件労働契約締結の際，債権者の勤務場所を債務者本店に限定する旨の黙示の合意……をなしたものと推認することができる。」

【判例183】
医療法人南労会（配転）事件・大阪地決平成7・12・8労判689号45頁

判旨　「債権者Aが債務者に採用された際には，紀和病院は未だ存在しなかったものである。債務者では，松浦診療所から紀和病院への配転が命じられたことは，2件あるのみであり，このうち1件は本人の同意のもとに実施されたが，他の1件は本人が拒否したため，配転は実施されなかった（〈証拠略〉）。その他は，松浦診療所内の部内移動(ママ)にすぎない。

　そうすると，債権者大場と債務者間において，就業場所を松浦診療所とする旨の雇用契約が成立したものと一応認めることができる。」

【判例184】
医療法人南労会（松浦診療所）事件・大阪地判平成12・5・1労判795号71頁

判旨　「原告Eはその雇用契約には就業場所を松浦診療所看護科に限定する合意があった旨主張するところ，（証拠略）によれば，原告Eは，平成2年7月25日，被告の松浦診療所長Aとの間で，雇用契約書を交わし，同年9月1日から1年の期限で雇用され，翌年8月31日で雇用期

労働契約締結過程　111

第5章　労働契約の内容確定

間満了を理由に退職するように申し渡されたが，折から第2次再建案を巡って，被告と組合とは争議中であり，組合は，第2次再建案に反対するとともに，原告Eの常勤雇用を要求し，被告において，原告Eを紀和病院外来で常勤雇用するとの提案をしたが，組合はこれに応じず，あくまで原告Eの松浦診療所での雇用を主張し，平成3年10月26日，原告Eについては松浦診療所に新規雇用するという形で決着したことを認めることができる。これによれば，被告と原告Eとの雇用契約は就業場所を松浦診療所に限定したものというべきである。」

【判例185】
日本レストランシステム事件・大阪高判平成17・1・25労判890号27頁

(判旨)「〔1〕控訴人は，関西地区での事業展開を目指す被控訴人により，同地区における調理師資格を有する管理職候補として現地採用（中途採用）されたものであり，本社で幹部要員として採用されたわけでも，長期人材育成を前提として新卒採用された者でもなかった。〔2〕また，控訴人は，採用面接の際，長女の病状を述べて関西地区以外での勤務に難色を示し，被控訴人もこれを了解していた。〔3〕さらに，入社後も，控訴人は昇格したとはいえ，関西地区外に転勤する可能性について説明を受けたり，打診されたこともなく，従前と同様の業務に従事しており，本件配転命令時点において，関西地区はもとより被控訴人の会社全体としても，マネージャー職を地域外に広域異動させられることは稀であった。これらの各点を総合すれば，控訴人と被控訴人との間では，採用時点において，黙示にせよ勤務地を関西地区に限定する旨の合意が成立しており，その後，マネージャーA職に至る各昇格の際にも上記合意が変更されるには至らなかったものと認定することができる。」

(3) 職種限定

職種限定の合意を認めた判例は，労働契約書で限定したこと（判例186），再採用に際して社長の料理をもう一度勉強したいと述べて調理の業務に従事する合意をした事実（判例187），採用条件，勤務形態，求人広告，面接時の会社の言動，他業務に従事している職員の採用状況の総合判断などに依拠している（判例188）。

【判例186】
古賀タクシー事件・福岡地判平成11・3・24労判757号31頁

(判旨)「被告会社が原告を本採用するに当たって作成された契約書には不動文字で，表題として『労働契約書（乗務員）』，業務内容として『一般乗用旅客自動車運送事業用自動車の運転と付随する業務』と記載されていることが認められる。この契約書の文言によれば，採用時に右文言によらない特別な合意がない限り，本件労働契約においては原告の職種は「一般乗用旅客自動車運送事業用自動車の運転と付随する業務」に限定されていたものと解するのが相当である。」「営業補助の業務内容はジャンボタクシーの運転，無線配車の補助，新聞の配達，集金，営業所のトイレの清掃，その他の雑用であること，賃金が歩合でなく固定給となること，隔日16時間労働の勤務が毎日勤務になることが認められる。この営業補助の職務内容は，タクシーの乗務と全く関

第4節　勤務地・職種の限定，その他

係がないとはいえないが，ジャンボタクシー以外のタクシーに乗務しなくなること，賃金が歩合でなく固定給となり，タクシー乗務員の賃金体系と全く異なること，隔日勤務が毎日勤務となり，勤務態様が全く異なることを考慮すると，タクシー乗務員とは別の職種であるというべきである。」

【判例187】
大京事件・大阪地判平成16・1・23 労経速1865号21頁

[判旨]「被告においては，調理師として入社した者は，最後まで調理の業務を担当するのが普通であること，調理師として入社し，後に営業を担当した者は，調理場で仕事をしていたが，開店当初で営業担当者が足りないことから，営業を担当し，店長に就任した者（既に死亡），調理師として入社したが後に営業を担当することになったC専務（被告代表者の弟）くらいであることが認められる。そして，これらの者については，証拠上，営業担当者への配置換えについて反対の意思を表明した形跡は全く認められず，その同意を得て配置換えが行われたものと考えられることなどからすると，これらの例があるからといって，原告について職種限定の合意があったとの認定が妨げられるものではない。」

【判例188】
ヤマトセキュリティ事件・大阪地決平成9・6・10 労判720号55頁

[判旨]「債権者が債務者会社に就職するきっかけとなった平成3年4月16日付け朝日新聞の求人広告欄（〈証拠略〉）には，『社長秘書募集』という表題の下に，採用条件として，『英語堪能な方を望みます（仏語もできる方は尚良）』『タイピングできる方』『出張可能な方』『普通自動車運転できる方』という文言が記載されており，債権者に対して語学能力のみが要求されていたものではないことが認められる。また，右の求人内容から債権者において自己が警備業務に配置されることを予想することは困難であり，債権者も採用面接の際に将来警備職に就くこともあり得る旨の明確な説明を受けていない。さらに，債務者会社の就業規則（〈証拠略〉）6条は，採用を内示された者が提出すべき書類として，警備業務に従事することを予定する者については警備業法所定の書類を指定している上，同規程47条以下は，就業時間，休憩時間について，総合職，一般社員と警備職社員とを全く別異に扱っている。すなわち，総合職，一般社員が定型的な勤務時間であるのに対し，警備職社員には日勤勤務，隔日勤務のほか，午後5時から翌朝9時まで勤務する変則勤務と称する形態がある。債務者会社の女子職員5名に関する人事記録（〈証拠略〉）によれば，女子職員でも警備業務に就く場合があることが分かるが，これらの職員はすべて警備に関する教育を受けているほか，警備業法所定の誓約書を提出しているのであって……，平成3年5月の採用時点から平成8年11月に解雇されるまでの約5年半にわたって正式な警備業務に関する教育がなされていない債権者とは採用時の状況ないし採用後まもない時期の状況において大きな隔たりがある。右のような採用条件，採用後の勤務形態の違い，求人広告の内容と採用面接時における債務者会社側の言動，警備業務に携わっている他の女子職員に関する採用状況を総合勘案すれば，債権者は社長秘書業務を含む事務系業務の社員として採用する旨の合意がなされたものというべきである。」

労働契約締結過程

判例索引

最高裁判所

最1小判昭和29・3・11 刑集 8 巻 3 号 240 頁
………………………………………【判例 12】9

最3小判昭和30・10・4 刑集 9 巻 11 号 2150 頁
………………………………………【判例 7】6

最3小判昭和37・12・25 民集 16 号 12 号
2478 頁 ……………………………【判例 68】51

最大判昭和48・12・12 労民集 27 巻 11 号 1536 頁
………【判例 18】13,【判例 85】58,【判例 98】65

最1小判昭和49・7・22 民集 26 巻 5 号 927 頁
………………………………………【判例 173】107

最2小判昭和51・11・26 判時 839 号 68 頁
………………………………………【判例 66】50

最2小判昭和54・7・20 民集 33 巻 5 号 582 頁
…………………【判例 44】35,【判例 56】43

最2小判昭和55・5・30 民集 34 巻 3 号 464 頁
………………………………………【判例 45】37

最2小判昭和57・4・2 刑集 36 巻 4 号 583 頁
………………………………………【判例 3】5

最1小判昭和57・5・27 労判 388 号 11 頁
………………………………………【判例 55】42

最2小判昭和61・7・14 労判 477 号 6 頁
………………………………………【判例 178】110

最1小判昭和61・12・4 労判 486 号 6 頁
………………………………………【判例 174】108

最1小判平成元・12・7 労判 554 号 6 頁
………………………………………【判例 180】110

最3小判平成2・6・5 労判 564 号 7 頁
………………………………………【判例 132】81

最2小判平成6・4・22 民集 48 巻 3 号 944 頁
………………………………………【判例 5】6

最3小判平成9・2・25 労判 740 号 85 頁
………………………………………【判例 133】82

最1小判平成15・12・22 労判 864 号 5 頁
………………………………………【判例 21】16

最2小判平成21・12・18 労判 993 号 5 頁
………………………………………【判例 16】11

最1小判平24・11・29 労判 1064 号 13 頁
………………………………………【判例 152】95

最大判昭和25・6・21 刑集 4 巻 6 号 1049 頁
………………………………………【判例 1】4

最3小判平成25・10・22 労経速 2194 号 11 頁
………………………………………【判例 142】87

高等裁判所

札幌高函館支判昭和25・10・4 高刑特報 14 号
206 号 ……………………………【判例 10】8

東京高判昭和26・12・5 高刑集 4 巻 14 号
2017 頁 ……………………………【判例 14】10

福岡高判昭和28・1・31 高刑特報 26 号 1 頁
………………………………………【判例 11】8

福岡高判昭和28・9・22 高刑特報 14 号 206 頁
………………………………………【判例 6】6

東京高判昭和28・12・26 高刑特報 39 号 239 頁
………………………………………【判例 13】10

福岡高判昭和29・2・3 高刑特報 26 号 66 頁
………………………………………【判例 15】11

福岡高判昭和29・10・30 高裁特報 1 巻 10 号
431 頁 ……………………………【判例 4】5

東京高判昭和31・3・31 高裁特報 3 巻 7 号
320 頁 ……………………………【判例 9】7

東京高判昭和33・6・24 東高(刑)時報 9 巻
6 号 163 頁 ………………………【判例 8】7

東京高判昭和34・3・30 判時 189 号 14 頁
………………………………………【判例 59】46

広島高判昭和37・9・24 判時 324 号 24 頁
………………………………………【判例 72】52

大阪高判昭和38・10・30 判時 620 号 54 頁
………………………………………【判例 73】53

福岡高判昭和39・11・18 高民集 17 巻 7 号
503 頁 ……………………………【判例 58】46

東京高判昭和43・3・27 高民集 21 巻 3 号
225 頁 ……………………………【判例 81】56

大阪高判昭和45・7・10 労民集 21 巻 4 号
1149 頁 ……………………………【判例 94】63

東京高判昭和47・3・31 労民集 23 巻 2 号
149 頁 ……………………………【判例 41】34

東京高判昭和50・3・27 労判 231 号 58 頁
………………………………………【判例 100】66

東京高判昭和50・7・24 労判 245 号 26 頁
………………………………………【判例 146】90

東京高判昭和50・12・22 労民集 26 巻六号
1116 頁 ……………………………【判例 19】14

大阪高判昭和51・10・4 労民集 27 巻 5 号
531 頁 ……………………………【判例 43】35

東京高判昭和55・5・13 刑集 36 巻 4 号 551 頁
………………………………………【判例 2】5

労働契約締結過程　115

判例索引

東京高判昭和 58・12・19 労判 421 号
　……………【判例 159】101，【判例 165】103
東京高判昭和 61・10・14 金融商事判例 767 号
　21 頁 ………………………………【判例 31】25
大阪高判平成 2・3・8 労判 575 号 59 頁
　………………………………………【判例 160】101
東京高判平成 12・4・19 労判 787 号 35 頁
　………………………………………【判例 36】29
大阪高判平成 13・3・6 労判 818 号 73 頁
　………………………………………【判例 32】26
東京高判平成 14・2・27 労判 824 号 17 頁
　………………………………………【判例 23】17
大阪高判平成 17・1・25 労判 890 号 27 頁
　………………………………………【判例 185】112
大阪高判平成 18・12・28 労判 936 号 5 頁
　………………………………………【判例 149】93
大阪高判平成 22・1・12 労判 1062 号 71 頁
　………………………………………【判例 140】86
福岡高判平成 23・3・10 労判 1020 号 82 頁
　……………【判例 28】23，【判例 158】100
大阪高判平成 24・2・10 労判 1045 号 5 頁
　………………………………………【判例 111】71
東京高判平成 24・11・29 労経速 2194 号 12 頁
　………………………………………【判例 142】87

地方裁判所

東京地決昭和 23・7・20 労民集 8 巻 4 号
　390 頁 ……………………………【判例 78】56
東京地判昭和 28・12・28 労民集 4 巻 6 号
　549 頁 ……………………………【判例 22】17
東京地決昭和 32・9・21 労民集 8 巻 5 号
　688 頁 ……………………………【判例 84】58
東京地決昭和 33・9・21 労民集 8 巻 5 号
　688 頁 ……………………………【判例 95】64
東京地決昭和 34・4・4 判時 189 号 21 頁
　………………………………………【判例 61】47
東京地決昭和 34・4・4 判時 189 号 21 頁
　………………………………………【判例 65】49
東京地判昭和 39・4・27 労民集 15 巻 2 号
　383 頁 ……………………………【判例 79】56
東京地判昭和 39・10・31 労民集 15 巻 5 号
　1195 頁 ……………………………【判例 89】61
東京地判昭和 40・12・23 判時 437 号 50 頁
　………………………………………【判例 60】47
大阪地決昭和 41・7・2 別冊労旬 639 号 21 頁
　………………………………………【判例 91】62
東京地判昭和 42・11・24 判タ 215 号 120 頁

　………………………………………【判例 69】51
東京地決昭和 43・3・22 労判 61 号 19 頁
　………………………………………【判例 169】106
横浜地判昭和 43・8・19 民集 28 巻 5 号
　953 頁 ……………………………【判例 172】107
札幌地決昭和 44・3・28 別冊労旬 715 号
　………………………………………【判例 80】56
東京地判昭和 45・2・3 判タ 247 号 280 頁
　………………………………………【判例 64】49
徳島地判昭和 45・3・31 労民集 21 巻 2 号
　451 頁 …………【判例 86】59，【判例 131】80
東京地判昭和 45・10・8 判時 620 号 54 頁
　………………………………………【判例 70】52
東京地判昭和 45・11・30 労民集 21 巻 6 号
　1550 頁 ……………………………【判例 40】34
東京高判昭和 47・2・29 東京高等裁判所（民事）
　判決時報 23 巻 2 号 22 頁 ………【判例 62】48
大阪地判昭和 47・3・27 判タ 282 号 353 頁
　………………………………………【判例 75】53
大津地判昭和 47・3・29 労民集 23 巻 2 号
　129 頁 ……………………………【判例 37】32
名古屋地判昭和 47・5・31 判タ 289 号
　………………………………………【判例 82】57
大分地判昭和 47・11・10 判時 695 号 99 頁
　………………………………………【判例 63】48
長野地諏訪支判昭和 48・5・31 判タ 298 号
　320 頁 ……………………………【判例 93】63
横浜地判昭和 48・10・19 訟務月報 20 巻
　3 号 41 頁 …………………………【判例 153】98
長野地判昭和 49・4・3 労判 231 号 61 頁
　………………………………………【判例 128】78
横浜地判昭和 49・6・19 労民集 25 巻 3 号
　277 頁 ……………………………【判例 42】35
広島地呉支判昭和 49・11・11 労判 216 号
　64 頁 ………………………………【判例 38】32
福島地いわき支決昭和 50・3・7 労判 229 号
　64 頁 …………【判例 83】57，【判例 129】78
大阪地判昭和 50・10・31 労判 241 号 39 頁
　………………………………………【判例 120】75
東京地判昭和 51・3・24 労判 248 号 34 頁
　………………………………………【判例 125】77
福岡地判昭和 51・4・27 労判 253 号 30 頁
　………………………………………【判例 126】77
東京地判昭和 51・6・2 労判カード 256 号
　19 頁 ………………………………【判例 155】98
大阪地決昭和 51・7・10 労判 257 号 48 頁
　………………………………………【判例 39】33

判例索引

福岡地決昭和 52・3・9 労判 295 号 54 頁
………………………………………【判例 118】74
名古屋地判昭和 52・3・20 労判 277 号 61 頁
………………………………………【判例 97】64
大阪地決昭和 52・6・27 労判 282 号 65 頁
………………………………………【判例 121】75
東京地決昭和 53・2・3 労判カード 291 号 15 頁
………………………………………【判例 171】106
仙台地判昭和 53・3・27 労判 295 号 27 頁
………………………………………【判例 112】72
東京地判昭和 53・6・30 労経速 992 号 20 頁
………………………………………【判例 113】72
大阪地判昭和 54・3・30 判タ 384 号 145 頁
………………………………………【判例 30】24
東京地判昭和 54・12・10 労民集 30 巻 6 号
1186 頁 ……………………【判例 96】64
名古屋地決昭和 55・8・6 労判 350 号 29 頁
………………………………………【判例 122】75
東京地判昭和 55・12・25 労判 355 号 15 頁
………………………………………【判例 179】110
東京地判昭和 57・5・31 労判 388 号 24 頁
………………………………………【判例 101】67
山形地判昭和 58・8・7 労判付録 375 号 31 頁
………………………………………【判例 127】78
大阪地決昭和 58・12・20 労経速 1178 号 5 頁
………………………………………【判例 154】98
名古屋地判昭和 59・3・23 判時 1121 号 125 頁
………………………………………【判例 88】60
福島地いわき支判・昭和 59・3・31 判時
1120 号 113 頁 ……………【判例 123】76
東京地判昭和 60・11・20 労判 464 号 17 頁
………………………………………【判例 87】60
東京地決昭和 60・11・20 労判 464 号 17 頁
………………………………………【判例 114】72
大阪地判昭和 60・11・26 労判 465 号 29 頁
………………………………………【判例 33】27
松山地判昭和 61・1・22 労判 467 号 46 頁
………………………………………【判例 119】74
神戸地判昭和 61・9・29 労判 492 号 96 頁
………………………………………【判例 77】54
新潟地決昭和 63・1・11 労判 519 号 103 頁
………………………………………【判例 182】111
大阪地決平成 2・1・22 労判付録 571 号 55 頁
………………………………………【判例 115】72
神戸地判平成 2・5・25 労判 583 号 40 頁
………………………………………【判例 164】102
大阪地決平成 2・9・20 労判 572 号 78 頁
………………………………………【判例 102】67
福岡地小倉支判平成 4・1・14 労判 604 号
17 頁 ……………………【判例 141】86
東京地判平成 4・3・23 労判 618 号 42 頁
………………………………………【判例 76】54
横浜地横須賀支判平成 4・4・10 労判 606 号
10 頁 ……………………【判例 138】84
東京地判平成 4・12・21 労判 623 号 29 頁
………………【判例 92】62,【判例 116】73
東京地判平成 6・9・7 判時 1541 号 104 頁
………………………………………【判例 71】52
大阪地決平成 7・12・8 労判 689 号 45 頁
………………………………………【判例 183】111
大阪地判平成 9・3・24 労判 715 号 42 頁
………………………………………【判例 181】111
甲府地判平成 9・3・28 労経速 1636 号 12 頁
………………………………………【判例 54】41
大阪地判平成 9・5・30 労判ダイジェスト
738 号 91 頁 ……………【判例 168】104
大阪地決平成 9・6・10 労判 720 号 55 頁
………………………………………【判例 188】113
大阪地判平成 9・6・20 労判 740 号 54 頁
………………………………………【判例 170】106
東京地決平成 9・10・31 労判 726 号 37 頁
………………………………………【判例 46】37
大阪地判平成 10・10・30 労判 750 号 21 頁
………………………………………【判例 162】101
東京地判平成 11・1・29 労経速 1699 号 16 頁
………………………………………【判例 139】85
東京地判平成 11・3・12 労経速 1712 号 9 頁
………………………………………【判例 103】68
福岡地判平成 11・3・24 労判 757 号 31 頁
………………………………………【判例 186】112
東京地判平成 12・3・22 労経速 1733 号 27 頁
………………………………………【判例 166】104
大阪地判平成 12・5・1 労判 795 号 71 頁
………………………………………【判例 184】111
大阪地判平成 12・8・18 労経速 1763 号 3 頁
………………………………………【判例 104】68
盛岡地判平成 13・2・2 労判 803 号 26 頁
………………………………………【判例 137】84
東京地判平成 13・2・27 労判 809 号 74 頁
………………………………………【判例 105】68
東京地判平成 13・4・12 労判 805 号 51 頁
………………………………………【判例 20】16
福岡地久留米支判平成 13・4・27 労経速
1775 号 3 頁 ……………【判例 134】82

労働契約締結過程　117

判例索引

東京地判平成 13・7・2 労経速 1784 号 3 頁
……………………………………【判例 106】69
東京地判平成 13・12・25 労経速 1789 号 22 頁
……………………………………【判例 107】69
東京地判平成 14・1・21 労判 823 号 19 頁
……………………………………【判例 148】91
前橋地判平成 14・3・1 労判 838 号 59 頁
……………………………………【判例 175】108
東京地判平成 14・8・9 労判 836 号 94 頁
……………………………………【判例 108】70
東京地判平成 14・12・9 労判 846 号 63 頁
……………………………………【判例 176】108
東京地判平成 14・12・25 労判 845 号 33 頁
……………………………………【判例 147】90
大阪地判平成 15・4・25 労判 850 号 27 頁
……………………………………【判例 135】83
東京地判平成 15・5・28 労判 852 号 11 頁
……………………………………【判例 24】18
東京地判平成 15・6・20 労判 854 号 5 頁
………………………【判例 25】19,【判例 27】22
東京地判平成 15・6・30 労経速 1842 号 13 頁
……………………………………【判例 48】38
東京地判平成 15・10・31 労判 862 号 24 頁
……………………………………【判例 177】109
東京地判平成 15・11・28 労判ダイジェスト
867 号 89 頁 ……………………【判例 117】73
大阪地判平成 16・1・23 労経速 1865 号 21 頁
……………………………………【判例 187】113
神戸地伊丹支判平成 16・2・19 労判 874 号
52 頁 ……………………………【判例 161】101
大阪地判平成 16・3・11 労経速 1870 号 24 頁
……………………………………【判例 136】84
平成 16・6・9 大阪地判労判 878 号 20 頁
…………………【判例 35】28,【判例 51】40
東京地判平成 16・6・23 労判 877 号 13 頁
……………………………………【判例 47】38
東京地判平成 17・1・28 労判 890 号 5 頁
……………………………………【判例 52】40
大阪地判平成 17・9・9 労判 906 号 60 頁
…………………【判例 29】24,【判例 156】99

東京地判平成 18・1・27 労経速 1933 号 15 頁
……………………………………【判例 143】88
旭川地判平成 18・6・6 判時 1954 号 120 頁
……………………………………【判例 74】53
東京地判平成 19・11・16 労判 952 号 24 頁
……………………………………【判例 17】12
東京地判平成 20・6・27 労判 971 号 46 頁
……【判例 34】27,【判例 49】39,【判例 157】99
大阪地判平成 20・9・26 労経速 205 号 26 頁
……………………………………【判例 130】79
東京地判平成 20・11・11 労判 982 号 81 頁
……………………………………【判例 167】104
東京地判平成 21・1・30 労判 980 号 18 頁
……………………………………【判例 109】70
東京地判平成 21・8・31 労判 995 号 80 頁
……………………………………【判例 124】76
東京地判平成 21・9・26 労判 1011 号 27 頁
……………………………………【判例 163】102
東京地判平成 21・10・15 労判 999 号 54 頁
……………………………………【判例 110】70
札幌地判平成 22・3・30 労判 1007 号 26 頁
……………………………………【判例 150】93
大阪地判平成 23・2・18 労判ダイジェスト
1030 号 90 頁 …………………【判例 145】89
東京地判平成 23・6・10LEX／DB25471776
……………………………………【判例 90】61
大阪地判平成 23・8・12 労経速 2121 号 3 頁
……………………………………【判例 151】94
東京地判平成 23・11・16 労経速 2131 号 27 頁
……………………………………【判例 26】22
東京地判平成 24・7・30 労経速 2154 号 24 頁
……………………………………【判例 50】39
東京地判平成 24・8・23 労判 1061 号 28 頁
……………………………………【判例 99】66
東京地判平成 24・12・28 労経速 2175 号 3 頁
……………………………………【判例 53】40
東京地判平成 24・12・28 労経速 2175 号 3 頁
……………………………………【判例 57】45
東京地判平成 25・1・31 労経速 2180 号 3 頁
……………………………………【判例 144】88

刊行にあたって

　戦後，労働基準法や労働組合法等の労働法制が整備されて60年，労働事件裁判例も膨大な数にのぼり，今日では労働判例を抜きにして労働法を語れないほど，労働法判例は実務のなかで大きな役割を果たすに至っている。しかし，紛争の解決の具体的妥当性を求めて産み出された判例法理のなかには，時代の変化のなかで制度疲労を起こしているものもあろう。また，近年における企業と労働生活をとりまく環境の激しい変化のなかで，いまなお有効な手だてを見いだしかねている問題も少なくない。今日，法的紛争は，集団的紛争から個別的紛争に大きく比重を移すとともに，個別的紛争も，解雇，賃金，労働時間から，過労死，職務発明，企業再編までとかつてないほど多様化し，そこで追求する価値も伝統的な労働者の権利からその新たな捉え直しや人格権や平等権のような市民的権利にまでと多元化しているからである。それゆえ，「実務に役立つ理論の創造」を共通のねらいにした本判例総合解説シリーズが，40を超えるテーマについて労働法において編まれることの意義は大きい。これまでの判例法理を精査しその意義を再確認するとともに，多様な法的問題に新たな法理形成の可能性を追求する本シリーズが，裁判官や弁護士，審判員，相談員等紛争の解決にあたられている実務家や企業内の労使関係当事者に有益な素材を提供するとともに，今後の労働法学に大きく貢献するものとなることを確信している。

　2007年春

監修者　毛塚勝利
　　　　諏訪康雄
　　　　盛　誠吾

〔著者紹介〕

小 宮 文 人（こみや ふみと）

略　歴　1948年　神奈川県に生まれる
　　　　1972年　北海道大学法学部卒業
　　　　　　　　製鉄会社勤務を経て，1984年カリフォルニア大学大学院で法学修士を取得後，カリフォルニア，ミシガンおよびニューヨーク大学で客員研究員，ペース大学（アメリカ）およびルーヴァン大学（ベルギー）で客員教授，ケンブリッジ大学チャーチルカレッジ（イギリス）で海外フェローを歴任，北海学園大学大学院法学研究科を経て，

現　在　専修大学法科大学院教授
　　　　法学博士（北海道大学）
　　　　PhD（ロンドン大学経済政治学院）
　　　　LLM（カリフォルニア大学バークリー校）

〔主な著書〕

『英米解雇法制の研究』（信山社，1993年，沖永賞受賞）
『イギリス労働法入門』（信山社，1996年）
『雇用をめぐる法律問題』（旬報社，1998年，道幸哲也・島田陽一教授との共著）
『職場はどうなる――労働契約法制の課題』（明石書店，2006年，北大労働判例研究会メンバーの共著）
『現代イギリス雇用法』（信山社，2006年）
『雇用終了の法理』（信山社，2010年）
『判例ナビゲーション労働法』（日本評論社，2014年，道幸哲也・本久洋一教授との共著）
A Comparative Analysis of the Law of Dismissal in Great Britain, Japan and the USA（ST/ICERA, London School of Economics, 1986）
Labor Law in Japan（Wolters Kluwer, 2011, in collaboration with Professor T. Hanami）

労働契約締結過程　　　　　　　　　　　　　　　　　　労働法判例総合解説 9

2015（平成27）年 7 月15日　第 1 版第 1 刷発行　　5759-0101　￥2500E，B120，PP136

著　者　小宮文人
発行者　今井 貴・稲葉文子　　発行所　株式会社信山社　東京都文京区本郷6-2-9-102
　　　　　　　　　　　　　　　　　　電話(03)3818-1019　〔FAX〕3818-0344〔営業〕　郵便番号113-0033
出版契約 2015-5759-5　　　　　印刷／製本　東洋印刷株式会社・渋谷文泉閣

© 2015，小宮文人　Printed in Japan　落丁・乱丁本はお取替えいたします。　NDC 分類 328.607 b009
ISBN978-4-7972-5759-5

JCOPY 〈(社)出版者著作権管理機構 委託出版物〉
本書の無断複写は著作権法上での例外を除き禁じられています。複写される場合は，そのつど事前に，(社)出版者著作権管理機構（電話03-3513-6969，FAX 03-3513-6979，e-mail: info@jcopy.or.jp）の許諾を得てください。

山田省三・青野 覚・鎌田耕一・浜村 彰・石井保雄 編

毛塚勝利先生古稀記念

労働法理論変革への模索

A5変・上製・約1040頁

【目 次】

第1章 労働契約・就業規則論の再生を目指して
1 労働法における労働権の再構成〔有田謙司〕
2 「就労価値」論の今日的展開と労働契約法理〔長谷川聡〕
3 改正労働契約法の要件事実〔山川隆一〕
4 内定・試用法理の再検討：判例の動向を踏まえて〔小宮文人〕
5 就業規則の最低基準効とは，どのような効力なのか〔大内伸哉〕
6 就業規則法理における労働基準法と労働契約法〔深谷信夫〕
7 労働条件の不利益変更の法的枠組み ―日・独の法比較を通じて―〔小俣勝治〕
8 戦前わが国における労働関係の法的把握―雇傭契約と労働契約をめぐる学説の展開―〔石井保雄〕

第2章 労働者・使用者概念の再構築を提言する
9 「労働組合法上の使用者」は何のための概念か
  ―派遣労働者の直用化要求事案における派遣先事業主の使用者性に即して―〔土田道夫〕
10 労組法7条の「使用者」概念の再構成〔川口美貴〕
11 ドイツ労働法における「就労者（Beschäftigte）」および「労働者類似の者」の概念について
  ―とくに家内労働者に着目して―〔橋本陽子〕
12 ドイツ法における労働者と独立自営業者の区別の基準―偽装独立事業者（Scheinselbständige）
  及び個人事業主（Solo-Selbständige）に関する法的検討―〔高橋賢司〕
13 在日米軍基地従業員の法的地位―那覇地裁平成26年5月22日判決検討を手掛かりにとして―〔春田吉備彦〕

第3章 非典型雇用（有期・パート・派遣）法理の創生を希求して
14 非正規雇用労働者の現状と生活保障政策の課題〔島田陽一〕
15 雇用保障の理念と有期労働契約規制―労働契約法・有期労働契約規制の立法論的検討―〔青野 覚〕
16 パートタイム労働者に対する均等待遇原則〔山田省三〕
17 ドイツにおけるパート・有期労働契約法14条の解釈をめぐって
  ―近年の欧州司法裁判所及び連邦労働裁判所の判決を手掛かりに―〔川田知子〕
18 派遣労働者の派遣先との間の黙示の労働契約の成立
  ―マツダ事件判決における「理論プロセス」と「エピソード」―〔野田 進〕
19 黙示の労働契約における意思の推定―マツダ防府工場事件を素材に―〔和田 肇〕
20 労働法における契約締結の強制―労働者派遣法における労働契約申込みみなし制度を中心に―〔鎌田耕一〕

第4章 差別とハラスメントの諸相を解析する
21 雇用平等法の基礎論的検討〔藤本 茂〕
22 包括的差別禁止立法の意義―イギリス2010年平等法が示唆すること―〔浅倉むつ子〕
23 イギリスにおける男女平等賃金規制のあり方の変遷―一律的規制から自律的規制へ―〔宮崎由佳〕
24 ハラスメント対抗措置としての「労務給付拒絶権」〔原 俊之〕
25 セクシュアル・ハラスメントと業務に内在する危険〔山﨑文夫〕

第5章 集団的労働関係法の可能性を探求して
26 労働組合法1条1項および憲法28条の立法過程に関する若干の素描〔中窪裕也〕
27 従業員代表制をめぐる三つの論点〔浜村 彰〕
28 ドイツは協約自治を放棄したのか？―ドイツにおける協約自治保障の憲法的基礎と
  2014年協約自治強化法の中間的評価―〔榊原嘉明〕
29 フランスにおける労働条件決定の「分権化」の動態〔細川 良〕

第6章 労働紛争解決システムの課題を深化させる
30 アメリカの雇用仲裁とその機能についての覚書〔荒木尚志〕
31 1964年公民権法第7編に基づく大規模クラスアクションは死んだのか
  ―ウォルマート社事件連邦最高裁判決とその後―〔永野秀雄〕
32 労働委員会における個別的労使紛争処理のフロンティア〔村田毅之〕

第7章 労働・雇用政策と労働教育への新提言
33 高年法の継続雇用制度をめぐる判例の動向と課題〔新谷眞人〕
34 ドイツ障害者雇用制度における権利擁護システムの展開
  ―障害者政策のパラダイム転換論をめぐって―〔小西啓文〕
35 EU法のドイツ労働法への影響―移動の自由を素材にして―〔名古道功〕
36 EU特にフィンランドの事業再構築への対応―日本への示唆―〔田口晶子〕
37 2006年海上労働条約の発効と法的課題〔野川 忍〕
38 労働法と企業実務の相互作用〔廣石忠司〕
39 労働法をどう教えるか？：法学部以外における授業での試みから〔諏訪康雄〕

〒113-0033 東京都文京区本郷6-2-9-102 東大正門前 TEL:03(3818)1019
FAX:03(3811)3580／E-mail:order@shinzansha.co.jp

信山社
http://www.shinzansha.co.jp

浅倉むつ子 責任編集

浅倉むつ子・二宮周平・南野佳代・三成美保・吉田容子・角田由紀子・吉田克己 執筆

ジェンダー法研究 創刊第1号

菊変・並製・176頁　定価：本体2,800円（税別）　ISBN978-4-7972-6841-6 C3332

実務と研究を架橋し、新たな共生社会を拓く

実務と研究を架橋し、新たな共生社会への展開をはかる、待望のジェンダー法学の研究雑誌。既存の法律学との対立軸から、オルタナティブな法理を構築。創刊号は特集「ジェンダー法教育と司法」と題し、司法分野におけるジェンダー法教育の現状と課題にせまる7本の論稿を収録したほか、「立法と司法の新動向」として、婚外子差別に関する裁判・立法・行政の動向を紹介する論稿も収録。

【目次】
特集：ジェンダー法教育と司法

◆1◆　「法の世界」におけるジェンダー主流化の課題…浅倉むつ子
Ⅰ　ジェンダー視点の欠落が問われた司法改革
Ⅱ　「政策的」ジェンダー主流化の動向
Ⅲ　2つの裁判にみるジェンダー・バイアス
Ⅳ　「組織的」ジェンダー主流化の動向
　　―とくに学術分野について

◆2◆　ジェンダーとロースクール教育…二宮周平
Ⅰ　開講状況
Ⅱ　アンケートに見るジェンダー法教育の現状
Ⅲ　ジェンダー法教育の内容
Ⅳ　LSにおけるジェンダー法学展開の課題とその可能性

◆3◆　法曹継続教育とジェンダー…南野佳代
Ⅰ　はじめに
Ⅱ　法曹継続教育の各国法制度における位置づけ
Ⅲ　法曹継続教育におけるジェンダー研修
Ⅳ　法曹継続教育の目的と公平性―結びに代えて
Ⅲ　法律婚と婚外子差別

◆4◆　大学教育におけるジェンダー法学教育の現状と課題…三成美保
Ⅰ　日本における高等教育と決定権への女性参画の現状
Ⅱ　「ジェンダー」を学ぶ意義
　　―高校教育と大学教育の架橋をどうはかるか？
Ⅲ　大学におけるジェンダー系科目とジェンダー法学の開講状況
Ⅳ　「市民教養」としてのジェンダー法学

◆5◆　弁護士へのジェンダー教育…吉田容子
Ⅰ　はじめに
Ⅱ　女性／男性弁護士の関係
Ⅲ　弁護士とジェンダー・バイアス
Ⅳ　弁護士の給源としての法曹養成課程
Ⅴ　日弁連の取り組み
Ⅵ　各地の弁護士会の取り組み
Ⅶ　弁護士へのジェンダー教育

◆6◆　「ジェンダーと法」を教えて
　　―明治大学法科大学院での経験から…角田由紀子
Ⅰ　明治大学法科大学院での2004年から2013年まで
Ⅱ　成果は？

「立法と司法の新動向」

◆7◆　婚外子差別と裁判・立法・行政…吉田克己
Ⅰ　婚外子差別の諸制度
Ⅱ　婚外子差別撤廃への裁判・立法・行政の動向

山下泰子・辻村みよ子・浅倉むつ子
二宮周平・戒能民江　編

ジェンダー六法 待望の第2版!!
学習・実務に必携のジェンダー法令集

★国際裁判事例・判例等の解説62件を加え、より使いやすくアップデートした最新の【第2版】が待望の登場!!（法令など171件、総項目233件）★

通常入手しにくいものも収録し、ジェンダー法へのアクセスに最適。最前線で活躍する編者・編集協力者によるコンパクトで類を見ない待望の法令集。学生からプロフェッショナルの利用までカバー。

戒能民江 編　◎女性支援の新しい展望への構想
危機をのりこえる女たち　A5変・並・324頁　3200円

辻村みよ子 著　◎『ジェンダーと法』に続く最新の講義テキスト
概説ジェンダーと法　A5変・並・232頁　2000円

浅倉むつ子・角田由紀子 編　◎ジェンダー視点から国内外判例を学ぶ
比較判例ジェンダー法　A5変・上・344頁　3200円

林　陽子 編著　◎国際社会の法的センシビリティー
女性差別撤廃条約と私たち　四六変・並・200頁　1800円

谷口洋幸・齊藤笑美子・大島梨沙 編著
◎法的視点から、国内外の事例を紹介・解説
性的マイノリティ判例解説　B5判・並・264頁　3800円

〒113-0033　東京都文京区本郷6-2-9-102　東大正門前
TEL：03(3818)1019　FAX：03(3811)3580　E-mail：order@shinzansha.co.jp

信山社
http://www.shinzansha.co.jp

髙田昌宏・野田昌吾・守矢健一 編

グローバル化と社会国家原則
―日独シンポジウム―
グローバルな競争と国家・個人の役割

A5変・上製・408頁

> フライブルク大学法学部と大阪市立大学大学院法学研究科との学問交流の記録。グローバルな競争と国家、経済的主体、そして個人の役割とは何か。国際化する現実社会と法理論を総合的に検討。憲法、民法、刑法、労働法、国際法、訴訟法など、幅広く最先端の議論を展開。

【目 次】

◆第Ⅰ部◆ 国家の役割の変化と公法学
国家の役割の変化に直面した公法学(トーマス・ヴュルテンベルガー〔松戸 浩 訳〕)
国家の役割の変化と公法学(松戸 浩)

◆第Ⅱ部◆ 国際法による枠条件が社会国家構造の展開へ及ぼす影響
社会国家はいまどこにいるのか(野田昌吾)
国際法による枠条件が社会国家の構造に及ぼす影響(シリャ・フェネキィ〔守矢健一 訳〕)

◆第Ⅲ部◆ 介入国家時代の私法
イデオロギーの時代の市民法―来栖三郎の市民法研究の史的分析(1)(守矢健一)
規制と競争(ウーヴェ・ブラウロク〔守矢健一 訳〕)

◆第Ⅳ部◆ 会社法と労働者保護
日本における会社法と労働者保護―財産権保障と社会国家原則との調和を目指して(高橋英治)
外国会社のための企業共同決定?(ハンノ・メルクト〔高橋英治 訳〕)

◆第Ⅴ部◆ 債権譲渡人によるリファイナンスと債務者の保護
動産と債権の包括的な担保化による資金調達と,その法的課題(藤井徳展)
債権譲渡によるリファイナンスと債務者の保護(ロルフ・シュテュルナー〔藤井徳展 訳〕)

◆第Ⅵ部◆ 《自由主義的》な古典的民事訴訟か,それとも《社会的》民事訴訟か?
わが国における「社会的民事訴訟」理論の意義(髙田昌宏)
21世紀における社会的民事訴訟,訴訟の諸原則および訴訟基本権(ディーター・ライポルド〔松本博之 訳〕)
市場社会における社会的民事訴訟の発現形式としてのグループ訴訟?(アレクサンダー・ブルンス〔髙田昌宏 訳〕)

◆第Ⅶ部◆ グローバルな影響下に立つ労働市場と労働法規制
社会法的規制と労働市場の弾力化(根本 到)
自由化された世界取引における労働者保護―多層的規制の問題として(ゼバスティアーン・クレバー〔守矢健一 訳〕)

◆第Ⅷ部◆ 刑罰観の《社会的》・《国境横断的》変容?
日本の行刑改革と社会復帰理念(金澤真理)
国際的法規範によって吟味を受ける保安監置(ヴォルフガング・フリッシュ〔金澤真理 訳〕)

◆大阪市立大学法学部とフライブルク大学法学部による共同シンポの記録

石部雅亮・松本博之 編
法の実現と手続

石部雅亮・松本博之・児玉 寛 編
法の国際化への道

松本博之・西谷 敏 編
現代社会と自己決定権

松本博之・西谷 敏・佐藤岩夫 編
環境保護と法

松本博之・西谷 敏・守矢健一 編
インターネット・情報社会と法

松本博之・西谷 敏・守矢健一 編
団体・組織と法

松本博之・西谷 敏・守矢健一 編
法発展における法ドグマーティクの意義

〒113-0033 東京都文京区本郷6-2-9-102 東大正門前
TEL:03(3818)1019 FAX:03(3811)3580 E-mail:order@shinzansha.co.jp

信山社
http://www.shinzansha.co.jp

塩野 宏・小早川光郎 編
仲 正・北島周作 解説

『行政手続法制定資料』〔平成5年〕（全11巻）

制定資料を網羅的に考証・解説する

今回刊行の運びとなった行政手続法制定資料（全11巻）は、第三次行政改革推進審議会公正・透明な行政手続部会（小委員会を含む）の会議録を中心とし、これに関係する諸資料を整理・編集したものである。会議録をはじめとする資料は、現行法の解釈・運用上に貴重な情報を提供するものであり、制定当時の理論状況、行政実務の反応を知るに適切な歴史文書でもある。

日本立法資料 本巻103　**行政手続法制定資料(1) 議事録編Ⅰ**
菊変・上製・626頁　定価：本体60,000円（税別）　ISBN978-4-7972-0291-5 C3332

日本立法資料 本巻104　**行政手続法制定資料(2) 議事録編Ⅱ**
菊変・上製・744頁　定価：本体70,000円（税別）　ISBN978-4-7972-0292-2 C3332

日本立法資料 本巻105　**行政手続法制定資料(3) 議事録編Ⅲ**
菊変・上製・584頁　定価：本体60,000円（税別）　ISBN978-4-7972-0293-9 C3332

日本立法資料 本巻106　**行政手続法制定資料(4) 要綱案関係資料編Ⅰ**
菊変・上製・400頁　定価：本体40,000円（税別）　ISBN978-4-7972-0294-6 C3332

日本立法資料 本巻107　**行政手続法制定資料(5) 要綱案関係資料編Ⅱ**
菊変・上製・436頁　定価：本体40,000円（税別）　ISBN978-4-7972-0295-3 C3332

日本立法資料 本巻108　**行政手続法制定資料(6) 参考資料編Ⅰ**
菊変・上製・456頁　定価：本体45,000円（税別）　ISBN978-4-7972-0296-0 C3332

日本立法資料 本巻109　**行政手続法制定資料(7) 参考資料編Ⅱ**
菊変・上製・360頁　定価：本体40,000円（税別）　ISBN978-4-7972-0297-7 C3332

日本立法資料 本巻110　**行政手続法制定資料(8) 参考資料編Ⅲ**
菊変・上製・440頁　定価：本体45,000円（税別）　ISBN978-4-7972-0298-4 C3332

日本立法資料 本巻111　**行政手続法制定資料(9) 参考資料編Ⅳ**
菊変・上製・552頁　定価：本体55,000円（税別）予価　ISBN978-4-7972-0299-1 C3332

日本立法資料 本巻112　**行政手続法制定資料(10) 参考資料編Ⅴ**
菊変・上製　定価：本体40,000円（税別）予価　ISBN978-4-7972-0300-4 C3332　続刊準備中

日本立法資料 本巻113　**行政手続法制定資料(11) 平成17年改正編 議事録**
菊変・上製　定価：本体60,000円（税別）予価　ISBN978-4-7972-0301-1 C3332　続刊準備中

宇賀克也 責任編集　**行政法研究**

岩村正彦・菊池馨実 責任編集　**社会保障法研究**

〒113-0033　東京都文京区本郷6-2-9-102　東大正門前
TEL：03(3818)1019　FAX：03(3811)3580　E-mail：order@shinzansha.co.jp
信山社
http://www.shinzansha.co.jp

信山社　労働法判例総合解説シリーズ

分野別判例解説書の決定版　　　　　　　　　　実務家必携のシリーズ

実務に役立つ理論の創造

1	労働者性・使用者性 5751-9	皆川宏之	22 年次有給休暇 5772-4	浜村　彰
2	労働基本権 5752-6	大内伸哉	23 労働条件変更 5773-1	毛塚勝利
3	労働者の人格権 5753-3	石田　眞	24 懲戒 5774-8	鈴木　隆
4	就業規則 5754-0	唐津　博	25 個人情報・プライバシー・内部告発 5775-5	竹地　潔
5	労使慣行 5755-7	野田　進	26 辞職・希望退職・早期優遇退職 5776-2	根本　到
6	雇用差別 5756-4	笹沼朋子	27 解雇権濫用の判断基準 5777-9	藤原稔弘
7	女性労働 5757-1	相澤美智子	28 整理解雇 5778-6	中村和夫
8	職場のハラスメント 5758-8	山田省三	29 有期労働契約 5779-3	奥田香子
9	労働契約締結過程 [好評既刊] 5759-5	小宮文人	30 派遣・紹介・業務委託・アウトソーシング 5780-9	鎌田耕一
10	使用者の付随義務 5760-1	有田謙司	31 企業組織変動 5781-6	本久洋一
11	労働者の付随義務 5761-8	和田　肇	32 倒産労働法 5782-3	山川隆一・小西康之
12	競業避止義務・秘密保持義務 [好評既刊] 5762-5	石橋　洋	33 労災認定 5783-0	小西啓文
13	職務発明・職務著作 5763-2	永野秀雄	34 過労死・過労自殺 5784-7	三柴丈典
14	配転・出向・転籍 5764-9	川口美貴	35 労災の民事責任 5785-4	小畑史子
15	昇進・昇格・降職・降格 5765-6	三井正信	36 組合活動 5786-1	米津孝司
16	賃金の発生要件 5766-3	石井保雄	37 団体交渉・労使協議制 [好評既刊] 5787-8	野川　忍
17	賃金支払の方法と形態 5767-0	中窪裕也	38 労働協約 5788-5	諏訪康雄
18	賞与・退職金・企業年金 5768-7	古川陽二	39 不当労働行為の成立要件 [好評既刊] 5789-2	道幸哲也
19	労働時間の概念・算定 5769-4	盛　誠吾	40 不当労働行為の救済 5790-8	盛　誠吾
20	休憩・休日・変形労働時間制 [好評既刊] 5770-0	柳屋孝安	41 争議行為 5791-5	奥野　寿
21	時間外・休日労働・割増賃金 5771-7	青野　覚	42 公務労働 5792-2	清水　敏

各巻 2,200 円～3,200 円（税別）※予価

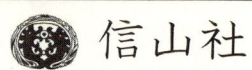

〒113-0033　東京都文京区本郷6-2-9-101　東大正門前
TEL:03(3818)1019　FAX:03(3811)3580　E-MAIL:order@shinzansha.co.jp

信山社
HOMEPAGE:http://www.shinzansha.co.jp